엘도론
eldoron

너와의 시간
당신과의 시간

정우향

너와의 시간, 당신과의 시간

지은이 정우향
초판발행 2014년 12월 10일

펴낸이 배용하
책임편집 이상희
등록 제258호
펴낸곳 **엘도론** www.eldoron.com
대전광역시 동구 우암로 75-21
전화 (042) 673-7424 전송 (042) 623-1424
도서분류 수필

ISBN 978-89-92257-64-0

값 8,000원

| 프롤로그 |

나는 친구들 사이에서 '크레믈린'. 사생활 노출을 안 하는 것으로 유명하다. 그러나 역설적이게도 나에게 소통에의 갈망은 너무나 강렬해서 '미리부터' 절망하고 있는 상태이므로, 마음을 닫고, 쉽게 속 얘기를 안 하는 것이라고 말하면 이해가 될까.

이 글은 내 마음을 보여주기 위해서 썼다. 평소에 하는 생각들과, 그 순간에 절실했던 감정들과, 내가 중요하다고 여기는 것들에 대해서, 좋아하는 사람들과, 좋아하는 책들에 대해서 말하였다.

순전히 소박한 글들이라, 출판되는 것조차 '죄송한' 마음이 들지만, 가까운 가족과 친구들에게, 나의 학생들에게, 일상 속에서는 전달하거나 표현할 수 없는 것들을 말하면서 그들과 좀 더 가까워지고자 이 책을 펴내게 되었다. 이 책은 처음부터 끝까지 내가 주변의 사람들에게 건네는 속 얘기, 대화일 뿐이다.

나는 앞으로 오랫동안 깊이 대화하고 싶은 친구나 학생들을 만나면 이 책 한 권을 건넬 수 있을 것이다. 그리고 내 아이들이 크면 이 책을 읽으면서 30대에서 40대로 넘어가던 엄마를 만날 수 있을 것이다. 그래도 감히 바라건대 나의 '생활문'들이 어느 누군가에게라도 작은 위로를 주기를.

원래 이 책의 시작은 나 자신만을 독자로 하는 소박한 생활문이었다.

아파트 바닥에서 아이들을 낳고 키우며 삶이 차오르는 순간 몇 줄씩 남긴 기록들은 어느새 한 편 한 편 내 머릿속에서 독자를 늘려나갔다. 이 책의 제목인 '너와의 시간'에서 '너'는 우선 내 자신이며 내 아이들과 가족들, 친구들이며 과거와 현재, 미래에 나와 함께 할 강의실의 학생들이다. '당신과의 시간'의 '당신'은 내 사모하는 이, 하나님임을 밝혀 둔다.

사랑하는 대상들은 언제나 약해 보이고 안쓰럽다.

지난 몇 년은 우리 가족에게 유례없이 힘들고 혼란스러웠던 시간이었다. 특히 아팠던 두 사람, 내 오랜 친구, 가장 좋은 벗 이었던 그들이 용기를 내어 다시 아름다우며 강인한 영혼으로 우리 앞에 서게 되길 하나님께 간절히 기도하였고, 그들이 우리에게 보여주었던 그 환한 미소와 사랑, 넉넉함에 감사하며, 이 책을 세상에 내 놓을 준비를 하던 올 가을, 언니는 우리를 남기고 하늘로 가버렸다.

결국 이 책은 우선 내 가족을 위로해야 하는 가족 문집으로 출판하게 되었다. 삶을 기운 나게 하는 데 도움이 된다면 무엇이든 좋으리라. 남편에 이어 당신의 첫 번째 아이였던 큰딸을 잃은 나의 어머니 이혜자님 앞에서 나는 '말을 할 수 없어' 이 책을 내밀려 한다.

언니가 떠난 자리, 생의 한가운데서, 나는, 멈추지 않는 눈물을 가슴에 안고 싸워야 하는 戰士로 남았다.

2014년 11월 15일

정우향

차례 contents

1부 살며

contents

2부 배우며

contents

3부 믿으며

1부_살며

베란다에 엎드려 있는 여자

우리는 무엇과 싸우며 살까. 저마다 싸우는 대상이 다를 것이다. 치열한 생활 전선에 있지 않았던 까닭인지, 개인주의자여서 그런지 아니면 그냥 세상을 한 발자국 떨어져서 보는 유형이어서 인지, 여태껏 나의 '적'들은 한 번도 구체적인 인물이나 대상인 적이 없다. 내가 두려움을 갖거나 경계하는 것은 오히려 어떤 이미지나 소음, 출처를 모르는 거짓 담론들, 웅성거림, 큰 목소리들. 내 자신이 스스로 만들어낸 가공의 두려움을 주는 이미지들.

물론 이미지의 조합은 삶의 경험 속에서 만들어진다. 예를 들어 30대 초 나의 뒷덜미를 늘 따라다녔던 이미지는 베란다에 엎드려 앉아있는 여자이다. 햇살이 약간 들어오는 어느 아파트 베란다, 딸을 유치원에 데려다 주고 집에 돌아온 여자가 얼굴을 파묻고 웅크리고 앉아있는 이미지, 대충 이런 그림이다.

「사랑도 통역이 되나요?」 영화 한장면

이것은 어떻게 해서

만들어졌을까 나름대로 원인분석을 해보았더니 우선 출처, 즉 영향을 끼친 것은 다음 두 가지.

첫째로 프랑스 유학 시절 알게 된 언니에게서 들은 어떤 이야기가 내 기억 속에 각인되어 버린 것 같다. 유학생들 모임에서 나는 박사과정에 있는 어떤 언니를 알게 되었는데 그 언니는 정말 찢어지게 가난한 산골 마을 출신, 딸 여섯 중 둘째였다. 이미 대학 시절부터 늘 과외를 해서 고학을 하면서 공부를 마쳤고, 프랑스 유학도 장학금과 자신이 과외를 하면서 저축해 온 돈을 가지고 온 사람이었다. 언제나 빨리 학위를 마쳐야 한다는 생각에 쫓기고 있었기 때문에 도서관 가는 것을 제외하고는 가장 간단한 의식주 생활을 영위하며 기숙사 방에 틀어박혀 늘 공부를 했다. 언젠가 언니는 나에게 유학 중 장학금 문제 때문에 딱 한 번 귀국을 했는데 한국에 일주일 있는 동안 거의 5일을 부모의 농사일을 도와주고 짐을 챙겨 비행기를 타고 왔다고 말했다. 프랑스가 어디에 있는 어떤 나라인지도 모를 언니의 부모는 오랜만에 와서 농사일만 묵묵히 도와주는 딸에게 이렇게 말씀하셨다고.

"아이고, 우리 딸은 공부도 잘하고 농사일도 잘하네!"

언니는 그 이야기를 하면서 쓸쓸히 웃었다. 이 언니가 들려준 여러 이야기 중, 산골 마을을 떠나 대도시에서 고학하던 대학 시절에 관한 것이 있었다. 언니는 너무나 과외를 많이 하면서 외롭고 고단한 타지 생활을 했는데, 그 시절 유일한 낙이 잠깐 틈이나는 토요일 날 베란다에서 코카콜라를 마시는 것이었다는 대목이 있었다. 그 이야기를 들으면서 나는 아마 많이 공감하였고, 인생의 가장 찬란한 청춘이라는

20대를 그렇게 외롭고 고단하게만 보낸 어떤 인생을 상상해보았나 보다.

대도시의 어느 아파트, 햇빛이 비치는 조그만 베란다와 거기에 쪼그리고 앉아서 오랜만에 조용히 햇볕을 쬐면서 콜라 한 병을 조금씩 마시는 여자의 뒷모습은 내 기억 속에 그 순간부터 꽤 선명한 이미지로 자리 잡혔다. 그리고 내가 무서워하고 경계하는 슬픈 이미지의 장소인 문제의 '베란다'가 여기서부터 출현한 듯싶다.

둘째로 나를 따라다녔던 그 이미지는 우울증 걸린 여자들에 관한 수많은 소문을 토대로 만들어졌다. 남자들은 모르겠지만, 우리 사회에는 우울증에 걸린 여자들에 관한 수많은 괴담이 떠돌아다닌다. 감수성이 예민하고 관계에 목숨을 걸며, 결혼 후 공적인 관계들은 대부분 차단당한 채 가족 속에서 파묻혀 살아가는 이 땅의 많은 주부는 우울증을 조금씩 앓고 있다고 해도 과언이 아니다. 우울증의 주원인과 심한 정도는 다양하더라도, 이 주부들은 거의 공통되게 '그래도 내 아이를 위해 버텨야 하며, 아이를 키워내야 한다'라는 다짐들을 하루에도 수십 번씩하며 늘 보이지 않은 내면의 전쟁을 벌이고 있을지도 모른다.

나 또한 아이를 키우고, 아이 친구의 엄마들을 만나 이야기하고, 여자들이 자신의 내면을 고백해 놓은 책들을 읽으면서, 일상을 평화롭게 영위하는 듯 보이는 주부들의 내면이 때로 얼마나 큰 무력감과 절망에 시달리는지 알게 되었다. 어쨌든 이런 이유로 나도 힘이 들 때마다 '우울증에 걸리면 어떻게 하지?' 하는 공포감을 갖게 되었다. 결국

'베란다'와 '우울증에 걸린 주부의 뒷모습'은 이런 기억과 감정들이 뒤섞여서 만들어진 것 같다. 남자들은 어렸을 때부터 알게 모르게 자신감을 많이 갖도록 교육되는 반면에 여자들은 비공식적인 소문들에 의해서도 마음이 흔들리고 자신의 삶을 투사해보기도 한다.

그렇다고 해서 '알파걸'이 많지 않은 내 또래나 그 윗세대의 여성들이 언제나 주변에 흔들리고 우울증에 푹 빠져 '질질 짜고' 있는 것만은 아니다. 내가 삶이 힘들 때마다 떨쳐버리려고 했던 그 문제의 이미지 속의 여인도 '아이를 있는 힘을 다해 유치원에 보내고' 돌아와 베란다에 엎드리고 있는 것이기 때문이다. 그 여인은 밥조차 제대로 챙겨 먹지 않고, 집안도 엉망일지라도, 아이가 유치원에서 돌아올 시간에는 또 '있는 힘을 다해' 아이를 데리러 가려고 일어설 것이기 때문이다. 내 안의 어둠과 슬픔이 많을지라도, 나는 언제나 내 아이를 '빛으로, 빛으로' 가라고 손짓하는 엄마. 신께서 이 땅의 엄마들을 지켜주시길.

2010.

마루 밑 아리에티

오늘 딸과 함께 미야자키 하야오 각본의 「마루 밑 아리에티」를 보고 왔다. 헐리우드 만화를 보면 재미는 있었던 것 같은데 만화에 몰입해 그 속으로 들어가지 못하고 그냥 끝이다. 「이웃집 토토로」, 「하울의 움직이는 성」, 「센과 치히로의 행방불명」, 「벼랑 위의 포뇨」와 같은 일본 만화를 보면 그냥 그 세계에 머물고만 싶어진다. 인생을 진지하게 생각해야 할 서른 살 무렵, 나는 「이웃집 토토로」를 보고 감동하여 주인공 '마이' 얼굴을 프린트해서 냉장고에 붙여놨던 기억이 난다. 나중에 딸을 낳으면 꼭 그런 얼굴일 것 같았고, 마이 얼굴을 볼 때마다 기분이 매우 좋아졌기 때문이다. 「하울의 움직이는 성」을 며칠 전에 다시 보고는 예전에 여러 번 봤음에도 또 '매료'되고 말았다. 그리고 남편에게 말했다.

"여보. 나 아무래도 남자에 굶주린 것 같아. 저 만화 속 하울이 이렇게 멋있는 것을 보니…. 일만하지 말고 나랑도 좀 놀아주라"라고 나이에 걸맞지 않은 발언을 했더니 그가 황당해하며 웃는다.

「마루 밑 아리에티」를 보고 나서도 아름다운 색채와 순수한 주인공들이 사는 그 세계에 그냥 머물고만 싶다. 특히 멋있었던 대사. 심장

병을 앓고 생의 의욕이 별로 없었던 소년 '쏘이'가 아리에티랑 이별하면서 하는 말.

"아리에티. 이제부터 넌 내 심장의 일부야…."

이 대사를 멜로 영화에서 보았다면 너무나 뻔하게 느꼈을 텐데, 만화의 세상에서 들으니 가슴이 뛸 정도이다. 그런데 이 순간 갑자기 조금 있으면 마흔이 된다는 자의식이 문득…. 흑.

영화관을 나오면서 딸과 감상을 나누었다.

엄마: 수아야, 너무너무 감동적이었지. 아리에티는 작지만 강하고 멋있어.

수아: 응. 근데 엄마 나보다 아리에티를 더 좋아하는 것 같다아….

엄마: (딸 말은 건성으로 들으며) 아리에티+수아, 이제부터 넌 내 심장의 일부야.

마을버스를 타고 오면서 만화의 늪에서 나오지 못한 나는 계속 딸을 느끼하게 보면서 "수아. 아리에타 수아! 넌 내 심장의 일부야!"를 계속 읊어댔다.

딸은 처음에는 인내심을 갖고 받아주다가 드디어 외쳤다.

"엄마! 고만해라, 고만해!!"

'내 심장의 일부'가 화를 내니 계속 할 수는 없었지만 나는 집에 와서도 아이들을 보면서 계속 외치며 돌아다녔다. "아리에티 수아, 넌 내 심장의 일부야" "아들, 넌 내 심징의 일부야…."

그러다가 1박 2일을 보며 낄낄대는 남편 앞에서 갑자기 그 멋있었던 대사를 잊어버린 채 퉁명스러운 목소리로 "이따 저녁 뭐 먹을 거야!"가 튀어나오다. 쳇.

일상은 왜 미야자키 하야오의 만화를 닮지 않았는지…. 눈물이 그저 눈물인 채로 마음속에 흘러내리고, 약한 자들을 향한 용기와 위로가 있는 세계.

2010. 9.

에단 호크

서양 배우 중 내가 가장 좋아하는 남자 배우는 에단 호크Ethan Hawke. 그는 배우 같지 않고 그냥 지적이고 준수한 나의 오래된 친구 같다.

그가 나온 영화는 한 번도 나를 실망시킨 적이 없다. 에단 호크가 나와서 영화가 재미없어도 재미있게 느껴지는 지 아니면 그가 작품을 까다롭게 선정하기 때문인지 알 수 없지만 언제나 그랬다. 뱀파이어류의 영화는 절대 사절이지만 며칠 전 본 「데이 브레이커스」는 에단 호크 때문에, 또 그를 믿고 끝까지 볼 수밖에 없었다.

역시 또 잊을 수 없는 장면 하나. 죽음을 무릅쓰고 뱀파이어에서 다시 인간이 되는 실험을 감행하면서 에단 호크는 말한다.

'나는 잃을 게 없어요!' 프랑스어로는 'Je n'ai rien à perdre!'

잃을 게 없는 사람은 어떤 사람이며 이것을 말할 때, 심리 상태는 무엇일까 생각해보니, 일종의 찬란한 비극적 아름다움이 있다. 자유의 향기가 풍긴다.

우리는 언제 이렇게 말할 수 있을까. 그 조건은 최선을 다했을 때? 언뜻 보면 부정문이지만, 이 말을 할 때의 상황은 대부분 무언가 최선을 다해서 시도해볼 때, 두려움이 없다고 스스로와 남에게 말할 때, 시도 그 자체로 행복하거나 의미가 있을 때이다.

프랑스 유학을 처음 떠났을 때, 화목한 가정의 막내딸로 고생 모르고 사랑을 담뿍 받으며 살았던지라 나날이 시험의 연속이었다. 생활비도 모자라고, 공부도 어렵고, 밤에 자는 것도 무서워서 기숙사는 전기가 공짜라 늘 불을 켜고 잤다.

삶의 공부를 처음으로 시작하면서 치기를 벗을 무렵, 입학 원서를 여기저기 내놓고 걱정하면서 답변을 기다리고 있던 내게 프랑스 친구 한 명이 이렇게 말하였다. 'Tu n'as rien à perdre.' 직역하면, '너는 잃을 건 없잖아!'.

즉 시도해 보았고, 최선을 다했고, 이제 기다리기만 하면 된다. 시도 자체로 값지니 걱정은 그만 하고, 용기를 내라며 해준 말이다. 물론 이 문장은 맥락에 따라 다른 의미로도 쓰일 수 있을 것이다. 그러나 나에게는 언제나 자기 자신의 가장 큰 최선과 용기와 직면하고서, 스스로에게 하는 독백으로 가장 어울리는 말 중의 하나이다. 난 학생들이나 커가는 나의 딸이 무언가를 걱정하고 두려워할 때, 그 걱정하는 일들이 최선을 다했다면 무엇이든 네 삶에 의미가 있다고 말해주며 이 말을 해주고 싶다. "○○야. 긴 시간의 흐름에서 이렇게 최선을 다한다면 너는 너 자신에게 승리하는 거야. 잃을 건 없는 게임이란다. 넌 언제나 가장 귀한 보석이야."라고.

2010. 10.

내 마음의 아킬레스건-언니

나는 유독 나의 둘째 언니에게 약하다. 그러나 언니는 이런 내 마음을 짐작도 못 할 것이다. 그도 그럴 것이 언니를 향한 사랑과 걱정은 이상하게 언니 앞에서는 짜증이나 독설, 한숨으로 표현되기 때문이다. 세 살 차이인 우리 자매는 성격이 매우 다르다. 언니는 늘 모범생이었고, 수줍음을 많이 탔고, 공부를 잘하면서도 반장 부반장 같은 것은 별로 못했고, 친구가 별로 없었고 내성적이었다. 나는 늘 친구가 많았고, 공부는 언니보다 못했던 거 같은데 늘 학급 임원을 도맡아 했다. 언니는 초등학교 4학년 때부터 우리 집에서 유일하게 안경을 썼는데 나는 그게 너무 부러워 신체검사에서 일부러 안 보인다고 하면서 멀쩡한 시력을 0.8까지 떨어뜨렸던 기억이 난다. 어쨌든 4남매 중 끝의 둘인 우리는 서로 방도 같이 쓰며 늘 잘 때마다 늦게까지 조잘조잘 수다를 떨며 엄마에게 한소리 듣고 나서야 잠을 자곤 했다.

그러나 언니가 중학생이 되었을 때부터 나는 이상하게 언니가 약해 보였다. 공부만 잘하지 지나치게 착하기만 하고, 숙맥이고, 자기 의견을 잘 표현 못 하는 것 같고, 그 멋있던 언니의 안경마저 언니의 약함을 상징하는 미운 물건처럼 보였다. 아마 나도 그 당시 서서히 유년 시절을 떠나고 있었고, 세상이 동화 속은 아니라는 것을 예민하게 느끼고 있었을 것이다. 그리고 내가 너무나 사랑하는 언니가 그 세상 앞에서 이상하게 가장 약하고 상처받기 쉬운 존재로 생각되었던 것 같다. 언니의 친한 친구들은 또 왜 그렇게 언니를 이용만 해먹는 자들 같았는지, 또 언니는 왜 그렇게 자기 방어력이 없는 사람 같았는지 나는 언니만 생각하면 가끔 '속이 터졌다.'

나는 중학생, 언니는 고2쯤 되었을까. 어느 날 나는 시험이라 동네 독서실에서 공부하다가 밤늦게 집에 오게 되었다. 그 당시 우리는 산동네에 살고 있었기 때문에 집으로 가는 길은 어둡고 무서웠다. 취객들도 많이 지나다녀서 늘 아빠나 엄마가 데리러 나왔었는데 그날은 마침 아무도 올 수 없어서 오빠가 나오기로 되어 있었는데 잠이 든 오빠가 일어나지를 못하자 작은 언니가 대신 나를 데리러 나왔다. 그런데 동네 입구에서 언니가 울면서 오는 것이 아닌가. 사정인즉, 내려오는데 취객 하나가 쫓아와서 무서워서 그런 것이란다. 그러면서 아직 있을지 모르니까 좀 기다렸다가 집에 가자고. 나는 그 소리를 듣고 머리까지 열이 뻗쳤다. 감히 우리 언니를. 마침 긴 우산을 들고 있었는데 나는 언니를 지키는 '흑기사'가 될 심정으로 그 긴 우산을 방망이처럼 잡고, 그 취객이 다가오면 패줄 심산으로 집으로 향했다. 언니는 울면서 "이따 가자…."그러면서 나를 쫓아왔다. 다행히 그 취객은 없었고 우리 자매는 별일 없이 집에 왔다. 대신 언니가 나오게 해서 원인을 제공했던, 집에서 '퍼져 자고 있넌' 오빠가 미워 그 상대 우산으로 오빠를 막 때려주고 싶은 마음을 간신히 눌러야 했다.

드디어 언니는 대학생이 되었다. 화려한 대학 시절을 보내야 했지만, 그 당시 집이 어려워서 언니는 늘 과외만 하면서 집안 살림을 보탰다. 멋진 연애를 하고, 재밌는 동아리 활동을 해서 MT도 가고 그런 모습을 보고 싶었는데, 늘 아르바이트를 하고, 똑같은 청바지만 입고, 동아리 활동도 가난한 동네 공부방을 운영하는 그런 봉사 동아리에 참여해서 '폼나' 보이지도 않았다. 오히려 남녀 공학인 고등학교에 간 내가 재밌는 동아리 활동을 하고, 공연을 하고, MT를 가고 남자 선후배와 동기들과도 즐겁게 지냈으니…. 나는 가끔 동아리의 선배 이야기, 공연 이야기, MT에서 재밌는 게임을 한 이야기를 멋진 무용담처럼 해주었는데 언니는 그때마다 '또 해달라며' 너무나 즐겁게 들었었다. 그때 나는 언니가 대학생인데 왜 저리 재미없게 사나 하는 생각이 들었는데 지금 생각해보니 언니는 아르바이트를 쉴 새 없이 하면서 가족의 생활비를 보태고, 동아리 활동에서도 빈민촌 아이들에게 공부를 가르쳐주는 봉사를 하면서 자신을 희생하는 삶을 살고 있었던 것이다.

어쨌든 내 눈에, 언니 대학 친구들 역시, 언니를 진심으로 위하지 않는 '불여시'들이었고, 언니 주변의 남자 선배나 동기들 역시 믿음직스럽지 않았다.

그러나 지금까지의 모든 이야기는 '나의 버전'이다. 언니는 내 생각보다 약한 사람도 아니었고, 주변 사람들도 언니의 선함의 진가를 아는 좋은 사람들이었을지도 모른다. 그러나 유난히 착한 언니 앞에 서면 나는 무슨 콤플렉스처럼 '세상과 사람들의 공격성'이 더 강하게 느껴져서 언니를 지키고 싶은 본능이 발휘되는 것처럼 '눈을 치켜 뜨게' 된다. 언젠가 한번 나는 언니와 택시를 탔다. 그런데 유난히 택시기사가 불친절하고, 길도 잘 못 들어 요금을 몇 배로 내게 되었다. 나는 비싼 요금보다, 언니가 탔는데 또 그런 못된 사람이 운전 기사였고, 언니를 불안하게 만든 것이 너무나 화가 나서 이성을 잃고 그 기사와 싸웠다. '손님에게 태도가 무엇이며, 길을 잘못 든 것은 아저씨 책임이니 이 요금을 못 내겠다고.' 그리고 반값만 주고 내려버렸다. 언니는 얼떨결에 내리면서 "우향아, 저 사람이 너 때릴까 봐 무서워서 혼났어"라고 말하면서 하얗게 질려 있었다. 아마 나 혼자 탔더라면 나는 그렇게까지 화를 내지 않았을 것이다. 이상하게 나는 언니 앞에만 서면, 언니한테 조금이라도 불친절한 사람을 보면 완전 '쌈닭'이 된다.

예전에는 내가 왜 언니를 그렇게 연약하게 보는지, 내 마음의 아린 상처처럼 생각하는지 알지 못했다. 그러나 돌이켜 생각해보니 그것은 단순하게도 언니를 몹시 사랑한 까닭이었고, 언니는 정말 드물게 맑고 깨끗한 영혼인 것을 어린 시절부터 느끼고 있었기 때문이다. 또한, 그런 특별한 영혼들이 걸어가는 길은 세상의 눈으로 볼 때는 가시밭 투성이 길이라는 것을 예감했기 때문이 아닐까.

예감은 틀리지 않아 언니는 세속의 부귀영화와는 거리가 먼 삶을 살고 있다. 언니는 대학 졸업 후, 중국 하얼빈의 선교사로 떠나는 형부를 따라 사모로서 혹한의 동토에서 아이 3명을 낳고 키우며 10년 동안 살았다. 하얼빈의 겨울은 4개월 정도 지속되고 영하 40도를 늘 넘는다. 언젠가 언니의 손과 발을 보았는데 여러 번 동상에 걸렸던지 너무나 거칠고 갈라져 있어 나는 잠시 피눈물이 났다. 마음속의 눈물을 감추고 나는 또 냉소적인 목소리로 '어이 사모님. 손이 그게 뭡니까! 핸드크림이라도 바르시지!' 하고 소리 지르고 말았다.

이제 언니는 마흔이 넘어간다. 그러나 아직도 여린 소녀 같고, 여전히 그 누구보다도 온유하다. 어린 시절부터 나는 늘 언니를 보호해주고 싶었는데 지금의 현실은 반대로, 나와 우리 가족을 향한 언니의 끊이지 않는 기도의 빛 아래 우리가 살아간다. 그러나 더 먼 곳을 보지 못하고 세상 속에서 살아가는 지극히 '세속적인' 나에게 그녀가 겪는 몸과 마음의 고생과 헌신은 늘 슬픔이다. 그래서 언니는 언제나 나의 눈물, 내 마음의 아킬레스건.

2011.1.

MSG와 유기농 식품, 웰빙 사이

오랜만에 친구들과의 저녁 모임. 서로 사는 얘기 묻고 사방팔방 수다를 떨다가 우리의 화제는 엉뚱하게 '화학조미료MSG'에 대한 것에 머무르게 되었다. K가 말하였다. 가끔씩 어린 시절 먹던 초등학교 앞의 문방구 떡볶이나 엄마가 해주신 고등어조림 등이 너무나 먹고 싶어 집에서 해 먹어도 도저히 그 비슷한 맛도 안 난다고. 아무래도 자기가 그리워하는 그 맛은 그 시절 집이나 음식점이나 불량식품에서 잔뜩 넣곤 했던 '미원' 맛 인거 같다고….우리는 모두 동의했다. 한 친구는 평소에 너무 좋아하던 콩나물국밥을 하는 단골 식당이 있었는데 알고보니 그 식당은 미원을 잔뜩 쓰는 식당이있다나 뭐래나. 자기가 한 음식은 다 맛없다고 '미원'을 앞으로 조금씩 넣어볼까 한다며 웃었다. 우리는 모두 '그리운 MSG'와 그것이 잔뜩 들어있었을 걸로 짐작되는 어린 시절의 옛 음식들에 대한 기억들을 왁자지껄 떠들었다. 나의 형편없는 음식 솜씨나 '살림 초월' 생활 방식을 익히 알고 있는 친구가 물었다.

"너, 애들 반찬 해 줄 때, 조미료 같은 거 쓰니?"

"아니, 우리 집에는 조미료가 있어 본 적이 없는데…."

"야, 너 음식도 못하면서 뭐 믿고 안 쓰냐? 너희 애들이 뭐라고 안 그러냐? 애들이 불쌍하네…."

사실, 아닌게 아니라 우리 애들은 좀 안되었다.ㅠㅠ. 나야 별로 미식이나 식탐이 없는 편이지만 아이들은 한 참 클 때이고 입맛은 엄마의 정성과 역량에 따라 참으로 다양하게 개발될 수 있을텐데 엄마가 다양한 간식이나 반찬을 해주지도 못하고 그러면서 '웰빙'은 무지 따져서 과자도 잘 안 사놓고 무지 맛없는 미역국이나 도무지 고소하지 않은 저지방 우유나 챙겨주기 때문이다. 그래도 자기 방어는 해야 하기에 내가 말했다.

"야, 일 년에 한 사람이 먹는 화학조미료 양이 이래저래 4~5킬로는 된다고 하더라. 너무 끔찍하지 않냐? 글구 나랑 친한 요리사 언니가 그러는데 음식은 재료의 맛과 약간의 소금만으로 가장 맛있는 거래. 글구 난 무엇보다 '조작'당하는 게, manipuler당하는 게 싫어. 그거 일종의 조작이야. 조미료 식품 회사가 돈 벌려는 속셈에 왜 우리가 건강 상하고 입맛이 조정되어야 하냐구!"

내 말에 그때까지 조용히 듣기만 하고 있던 L이 말하였다.

"좋지는 않겠지만 MSG가 유해하다는 거는 아직 과학적으로는 입증이 안 되었을 걸? 그리구 원래 미원같은 것은 서민들을 위한 것이었어. 좋은 음식 재료와 다양한 양념을 살 수 없는 서민들이 음식을 쉽고 싸게 맛있게 하는 방법, 예를 들어 소고기를 살 수 없는 사람들이 약간만 넣어도 소고기 국물 맛을 낼 수 있게 소고기 다시다, 뭐 이런 거지. 난 화학조미료 조금씩은 써. 맛있잖아. 즐겁게 먹으면 그게 더 건강에 좋은거 아닌가?"

나는 갑자기 덧붙이고 싶은 말이 없어졌다. 그것은 MSG에 대한 L의 논리에 완전히 승복되었기 때문이 아니었다. 그 말을 L이 했기 때문이었다. 사실 비교적 순탄하고 유복한 어린 시절을 보낸 내 친구들 중에서 L은 거의 유일하게 매우 가난한 어린 시절과 학창 시절을 보낸 아이이다. 그 애의 어릴 적 이야기를 가끔씩 들으면 우리와 같은 세대인가 의심이 갈 정도로 '못살던 대한민국' 에서도 찢어지게 가난했던 도시 빈민으로 살아남은 어느 가족의 생존 드라마가 펼쳐진다. 철없이 초등학교 떡볶이 이야기나 떠들던 우리는 L의 MSG에 대한 다른 관점의 이야기에 한동안 좀 조용해졌다가 '야, 화학 조미료가 그리 인간적이고 민중을 위한 기능이 있었던가' 하며 또 시끌벅적 다른 화제로 넘어가며 맥주잔을 기울였다.

그러나 내 머릿속은 그 이후로도 잠시 '화학조미료에 대한 단상' 에 머문다. 보다 정확히는 '화학조미료를 약간 넣은 음식을 즐겁고 감사하게 먹는 사람' 과 '웰빙을 자나깨나 부르짖으며 밍밍하고 싱거운 음식을 먹으며 젊음을 오래 유지하려는 사람' 의 두 모습이 떠올랐다. 그러면서 이상하게 우리나라 중산층들이 의식주의 생활 전반에서 추구하는 '웰빙' 이 진짜 웰빙의 모습일까 하는 의심이 들었다. 끊임없이 자기 관리를 하고 유기농 음식과 비타민을 챙겨먹고 건강 정보를 모으는 대한민국 중산층들의 모습을 보면서(물론 나 자신 포함하여) 뭔가 지나치게 탐욕적이며 이기적인 어떤 측면이 숨어있다는 생각은 사실 오래전부터 문득 문득 해왔던 생각이었다. 그들의 웰빙 추구가 나쁘다는 것이 아니다. 그것은 건강한 생활방식이며 개인과 가족을 위해 발전적인 것임에 틀림없으리라.

그러나 웰빙 자체에 지나치게 집착할 때, 특히 매스컴 등에서 떠들고 제시하는 '웰빙' 만을스스로의 점검없이 추구하는 사람들의 모습에서는 가끔씩 '웰빙'의 건강함이 느껴지지 않고 탐욕과 이기심, 개인주의의 냄새가 난다. 특히 뭔가 현재의 소소한 기쁨을 찾는 대신에 머릿속 시간 축을 끊임없이 '미래'에 두고 살아, 정작 오늘 이 순간의 기쁨을 놓치고 후회하는 우리 모두가 흔히 가지고 있는 어리석음까지. 나중에 암 걸리지 않기 위하여, 나중에도 얼짱 · 몸짱 · 동안 유지하기 위하여, 오늘 우리는 몸에 좋다는 음식을 '맛없어도' 챙겨먹고, 요즘 매스컴에서 '강추'하는 건강식품이나 영양제를 챙겨먹지 않는가. 웰빙을 미끼로 잇속을 챙기는 건강식품 회사들은 현재에 대한 감사함과 기쁨을 찾는 생활 방식에 대해 공포심과 죄책감을 조장하는 방식으로 우리에게 마케팅을 하고 있는 것은 아닌지….

이런 저런 생각을 하다가 그 순간 나는 갑자기 L의 얼굴에 시선이 머물렀다. 우리와 달리 집에서도 화학조미료를 사용한다는 그녀의 얼굴은 우리 중 어느 누구보다도 피부가 뽀얗고 미소가 가득하다. 그녀를 보면서 나는 평소에 그녀가 우리에게 보여주었던 여러 가지 모습들이 떠올랐다. 누구보다 자기 일 열심히 하고 친정 식구들 가족들 잘 챙기면서 늘 부지런히 산다고만 생각했는데 다시 보니 그녀를 관통하는 생활 철학 같은 것이 오늘 '화학조미료'에 대한 그녀의 말에도 일관되게 흐르고 있었다

그것은 바로 '현재 중심' '오늘과 이 순간 순간에 감사함'이다. 그녀의 시간 축은 먼 미래로 갈 겨를이 없다. 어려운 친정 식구들 돌보느라, 직장일 하며 애 키우느라 건강 검진은 할 시간도 없고, 자신을 위해서는 아마도 영양제 하나 챙겨먹기가 힘들 것이다. 그러나 어려웠던 과거는 그녀에게 수퍼 파워 에너지를 갖게 하였는지 그녀는 늘 웃고 그날 그날 누릴 수 있는 작은 즐거움들을 짬짬이 찾고 감사하며 살아간다. 또 일상의 소소한 즐거움을 누리며 살라고 우리에게도 늘 잔소리를 해댄다. 예를 들어 고구마는 쪄서 먹으면 안 되고 꼭 1시간이 걸려도 구워먹어야 하며, 떡볶이에는 꼭 양배추를 잘게 썰어 넣어야 맛있으며, 자기는 시간 없어 못 간다며 우리에게 서울시내 맛 집 블로그를 알려주고 올 가을에 유행할 립스틱 색깔에 대해 문자를 보내온다. 그러나 우리 모두는 알고 있다. 정작 이 모든 일상의 소소한 즐거움을 쫓는 말을 곧잘 하여 '쾌락주의자'로 오해받을 L의 일상의 시간들은 완전히 다른 사람들을 위해서 바쳐지고 있음을. 그녀는 부모님 병원 모시고 다니느라 자기 자신의 치과 진료를 위한 한 시간을 내기가 벅차며, 군고구마는커녕 한가하게 차 한 잔 우려 마실 수 없는 하루하루를 살아간다. 그러면서 올 가을은 유난히 아름답다는 뜬금없는 문자를 가끔씩 보내오고, 바쁜 자기 대신 한번 가보라고 강추한다며 서울 시내 맛 집 리스트를 불러준다.

사실 이 글은 MSG를 옹호하는 글이 아니라 나의 친구 L에 대한 오마주hommage이다. 그녀의 이타적인 삶과 성실함에 대해, 늘 현재에 충실하고 작은 것에 기쁨을 누리고자 하는 마음, 삶 자체에 대해 늘 겸

손하게 감사하는 그. 마. 음. 에 바치는 오. 마. 주.

흥, 착한 친구 때문에 갑자기 화학조미료에 대한 반감이 없어지는구만….

'우리 까꿍이들, 수아와 초롱. 그래도 엄마는 집에 화학 조미료는 못 사놓는다. 엄마 음식 맛에 대해선 일찌감치 포기해라~'

2014.11.12.

나의 친구 정현

그녀는 미용사이다. 보통 미용사는 아니고 내게는 '위대한 디자이너!' 헤어디자이너를 넘어 참으로 지혜로운 친구이자 삶의 멘토이다.

난 그녀를 아이가 다니는 수학학원 복도에서 처음 알게 되었다. 나는 그 당시 학위 논문을 막바지로 다듬고 있었고, 극도의 피로 속에서 '반쯤 정신이 나간 채' 매일 이천 원짜리 김밥 두 줄을 사서 수시로 먹으면서 연구실과 집을 오가며 살고 있었다. 그러나 강남 한복판에 살면서 곧 초등학교에 다닐 아이를 아무런 사교육도 안 시킬 '배짱'은 없어서 일주일에 한 번 어떻게든 시간을 내서, 엄마들이 '사고력과 창의력' 개발을 위해 다니게 하는 모 학원을 딸을 데리고 다녔다. 아이가 수업을 듣는 한 시간 반 동안 엄마들은 복도에서 서로 수다를 떨거나 잡지를 보았다. 나는 늘 피로에 절어 있었으므로 주로 벽에 기대어 잤는데 그날은 복도에서 그녀와 눈이 딱 마주쳤다. 누구 엄마인지 안다는 따뜻한 미소로 눈인사를 주고받은 후, 우리는 자연스럽게 자신에 대해 아이에 대해 말하기 시작하였다. 보통 엄마들은 사교육 현장에서 알게 되면 '우리 애가 뭐가 약한 거 같은데 뭐 시키면 좋겠냐?' 라는 류의 정보 교환 유형의 대화를 하게 되었는데 극도로 지쳐 있었던 나와 정현은 아이들의 이야기를 하지 않은 채 띄엄띄엄 서로에 대해 이야기를 했다. 나는 늘 가지고 다녔던 은박지에 싼 김밥을 내밀면서 "김밥 먹을래요?"라고 물었다. 나중에 알게 된 사실이지만, 그녀는 내가 그 먹다 남은 맛없는 '김밥'을 내민 순간, 나에 대한 모든 경계를 풀었다고 한다.

친구가 될 수 있다는 것을 우리는 재빨리 감지했던 것일까? 나는 그녀가 몇 십년지기 친구인 것처럼 그 당시 지쳐 있던 내 마음에 대해서 두서없이 말하기 시작했다.

그녀 역시 자신의 삶에 대해서 이야기해주었는데 알고 보니 그녀는 내가 쉽게 매혹 당하는 헝그리 복서, 즉 척박한 삶의 조건을 이기고 자신의 인생의 길을 개척한 강인한 사람이었다. 그러나 내 경험상 헝그리 복서는 두 가지 부류가 있다. 크게 분류하자면, 탐욕스러운 자들과 자유로운 자들. 소위 고생하면서 자신의 길을 개척한 '입지전적'인 우리 주변의 헝그리 복서 중에는 어렵게 살아왔기 때문인지, 자신과는 달리 '곱게' 커 온 자들의 삶의 경험을 비웃거나 지나치게 성취지향적이며, 목적을 위해서는 어떤 수단이든 거리낌 없이 사용하는 것이 몸에 밴 '탐욕스러운 자' 들이 있다. 이들과 대화를 하면 '너같이 편하게 살아온 애가 뭘 알아. 나는 네가 상상할 수 없을 고생을 하면서 여기까지 왔다고….'류의 시선이 느껴져서 마음을 몹시 불편하게 만든다. 즉 자신들이 스스로 만든 또 다른 콤플렉스에 갇혀 오히려 많은 편견을 갖고 있거나, 어두운 사람들, 독선적인 자들이다. 내게 있어 자유로운 헝그리 복서들은 자신의 고통과 삶의 경험들을 녹여내어 누구보다 따뜻한 마음을 갖게 된 사람들, 꿈이 많아 현재의 여기와 다른 것들을 열망하되 남들과 자신의 처지와 조건을 비교하지 않고 언제나 자기 자신과 똑바로 마주 서는 사람들이다.

그녀는 자유로운 헝그리 복서에 해당하는 사람 같았다. 한마디로 나는 또 우연히 나를 매혹시키는 인간을 만난 것이었다.

그녀의 고향은 경상남도 진해. 배의 선장이신 아빠의 일곱 딸 중 일곱째 딸. 아들을 몹시 기다렸던 어머니는 그녀를 낳았을 때 대성통곡을 했다는 데, 그녀는 그 얘기를 하면서 아직도 억울한지 얼굴이 빨개져서 "왜 애가 태어났는데 울긴 왜 울어, 애가 장애인도 아니고 건강한 아인데." 말하면서, 지금 앞에 있지도 않은 어머니가 눈앞에 있는 것처럼 분통 섞인 항의를 한다. 나는 그녀의 항변을 들으면서, 스페인의 팜므 파탈같은 까무잡잡한 피부와 생명력 넘치는 시원시원한 이목구비의 잘생긴 그녀의 얼굴과 넘치는 기운 앞에서 폭소를 터뜨렸다. 아들만 죽도록 기다렸던 집의 일곱번째 딸로 태어나서 버티게 하려면 하나님은 특별히 '기세고 매력적인' 그녀가 '딱 맞는다고' 생각하셨음이 틀림없다. 어쨌든 그녀는 자신의 출생을 반기지 않으셨던 어머니나 각자 인생길 사느라 바빴던 다른 언니들로부터 받은 '혜택!'이 많지 않았을 것이나, 내가 지켜보는 그녀의 일상은 늘 아픈 언니들을 챙기고, 그 언니들의 아이들을 챙기고, 어머니에게 무뚝뚝하나 어느 딸보다 어머니를 챙기고, 그러면서 늘 바쁘고 힘이 든다.

파마 한 번에 수십 만원을 하는 최고급 헤어 살롱에서 헤어디자이

너로 일하는 그녀의 손님들은 대부분 유명 정치인이거나 연예인, 부자 사모님들이다. 그녀는 절대로 기죽는 법이 없이 손님이 피곤하지 않을 정도의 총명하고 재치 넘치는 입담으로 그들을 '요리'하는 듯 하였다. 그녀를 알게 된 이후로 그녀가 내 머리를 해줄 때마다 나는 괜찮아진 머리스타일 이상으로, 나의 '속' 머리가 맑게 씻기고 치유 받은 느낌이었다. 재밌는 소꿉놀이를 좋아하는 친구와 한판 벌이다가 집에 돌아간 느낌, 아니면 편한 정신과 의사와 울며 웃으며 마음의 상처를 이야기하다가 일종의 '카타르시스'를 경험하고 상담을 끝난 느낌. 어쨌든 최고로 즐거운 유희의 시간이었다. 정도는 다르겠지만, 그녀의 손님 중 그녀의 팬인 사람들은 나와 다소나마 유사한 기쁨을 맛봤으리라.

어느 해 겨울인가는 정현의 언니 중 한 명이 머리 수술을 하게 되었고 그녀는 그 언니의 모든 병구완을 하였다. 연이어 지방에 살던 조카가 백반증으로 고생하자, 그녀는 자신의 손님 중 화려한 인맥을 동원하여 최고의 전문의와 연결해 주고 수술 과정과 회복 시에 늘 자신의 집으로 데려와서 먹이고 재웠다. 이렇게 뒷바라지한 후 정작 자신은 링거를 맞을 정도로 심한 몸살을 앓았고….

내가 대단하다고 하자, 그녀는 분통 터트리며 또 말한다. "정말 여기까지야. 더 이상은…." 베풀고 챙기는 인생에 질려 늘 '여기까지만!' 한다고 소리쳐도, 정이 많은 그녀는 주변의 모든 사람에게 가장 적합한 도움을 주고, 필요한 정보를 주고, 촌스러운 스타일을 고쳐준다. 어느 날 내가 오랜만에 대학 동창 결혼식에 가는데 아줌마가 돼서 결혼식 가기가 좀 싫다고 푸념하자 주말인데도 불구하고 결혼식 가기 전 '드라이'를 해주겠다고 자신의 집으로 호출했다. 멋있게 드라이를 해줘서 싱글벙글 웃으며 모임에 가려는데, 그녀의 '청담동' 기준에는 내가 너무 안 맞았는지 머리부터 발끝까지 보더니 귀걸이를 바꾸어 주고, 자신의 명품 백을 내주고 심지어 옷까지 바꿔 입고 가란다. 우리 둘은 일곱 살 내 딸아이가 좋아하는 '아바타 옷 입히기' 놀이에 빠진 것처럼 그렇게 한참 '놀았다'.

이렇게 늘 유쾌하고 열정적인 에너지로 주변을 즐겁게 하는 그녀의 과거는 물론 '헝그리 복서'의 기본적 스토리 라인을 닮았다.

사실 그녀는 자신의 출생과 성장 배경이 '징그러워' 신에게 늘 '저 여기까지만 참아요!'라고 항의하는 심정으로 살아왔다고 한다. 고등학교 졸업 후 그녀는 미용 전문대학을 다니면서 '완벽하게' 고학을 했다. 부산의 한 대학교 앞에서 '전 재산'을 털어서 리어커로 좌판을 만들어 머리핀과 액세서리를 팔았는데 학비를 하고도 남을 만큼 장사가 잘되었다. 그러나 자신의 미래를 위해서 잘되는 '사업!'을 접고 상경을 결심했다. 미용학교 졸업장과 약간의 현금을 가지고 서울로 올라왔고, 이왕이면 최고급 미용실이 모여 있는 지하철 역에 내려서 이력서를 내밀었다. 우여곡절 끝에 미용 보조로 취직되었는데 월급이라고 해봐야 이십만 원 정도, 그녀가 좌판에서 장사해서 벌었던 돈의 십 분의 일 금액이었다. 그러나 기꺼이 미래를 위해 그녀는 미용보조로 일을 시작했고 '말 못할 고생을 한 세월 이후' 강남의 최고급 살롱의 '헤이 디자이너'로서 연예인들과 유명 정치인들의 스타일을 만들어주는 최고의 미용사가 되었다.

내가 그녀를 알게 된 것은 물론 '질곡의 세월'이 한차례 지나서 그녀가 헤어 디자이너로서 화려한 시절을 보내고 있던 때이다. 그녀는 내 헤어스타일의 촌스러움을 고쳐주고 싶었던지 한번 자신이 일하는 곳으로 오라고 했다. 거기에 도착한 후부터, 복도에서부터 유명 연예인들과 아나운서들을 막 마주치는 바람에 나는 너무 신기해서 사인을 받으면 안 되냐고 그녀에게 귓속말로 물어봤다가 '쿠사리'를 먹었다. 그녀는 내가 사랑하는 헝그리 복서!

늘 주변을 돕고, 뭐든지 온 힘을 다하면서 생명력이 넘치는 매력적인 인간! 우리가 좋은 친구가 된 지 어느새 4년 정도의 시간이 흘렀다.

그녀는 언젠가 탈북 여성들에게 미용 기술을 가르치고 싶다고 했다.

그녀와 내가 처음으로 만난 그 학원에 다녀서 내 딸의 수학적인 창의력이 얼마나 생겼는지 모르지만, 나는 그 학원 덕분에 평생의 친구를 만나서 그 학원에 다닐 수 있었던 것을 얼마나 감사하는지!

2009. 3.

속된 말로 나는 '뒤 끝이 짱 길다.' 즉 한 번 상처를 받으면 절대로 잊어버리거나 쉽게 용서하지를 못한다. 나에게는 딱 하나 남들보다 타고난 능력이 있는데 그것은 '기억력'이다. 애석하게도 학습에 도움이 되는 종류의 기억력과는 상관없고, 감정이나 추억에 관계된 기억력만 발달하였다! 예를 들어 어른이 된 후 초등학교 동창 모임에 딱 한 번 나간 적이 있는데 거기에 나온 모든 아이들의 '잃어버린 어린 시절'을 내가 '복구'해주고 돌아왔다.

"야, 너희 아빠 간판 만드시는 일 했잖아, 네가 주번 뺏지 잃어버려서 너히 아빠가 주번 뺏지를 플라스틱으로 만들어주셨는데 얼마나 멋있었는데…."

"야. 너 우리 집 다음 골목에서 잠깐 살았을 때, 너희 집에 놀러 가면 사슴 무늬 담요 덮고 만화 봤잖아."

"첫 눈 온 날, 네가 내 신발 주머니 가져가서 얼마나 화났는 데…."

대충 이런 식이다. 친구 아빠의 직업은 물론, 사는 동네, 세 들어 살던 방, 그 방에 깔렸던 담요 무늬, 텔레비전 위의 못난이 인형 삼총사 장식품까지 이야기해주자, 내 옛 친구들은 '경악' 하였고 우리는 함께 한바탕 웃었다.

또한, 쓸데없이 '감수성만 예민하게' 타고나 '유리 공주'라고 어릴 적부터 식구들에게 놀림을 받을 정도로 '말'에 상처를 잘 받는다. 특히 사랑하는 사람들로부터 받는 실망과 상처에는 속수무책. 물론 못된 내가 준 상처는 몇백 배 더 많으리라.

결과적으로 '쓸데없는 기억력'과 '감수성'의 결합은 '뒤끝 짱'으로 나타난다. 즉 끝까지 삐치고 용서를 못 하는 몹시 나쁜 버릇을 갖고 있는 것이다. 그러나 다행히 공격적이거나 폭력적인 성향은 아닌 관계로, '복수'를 하지는 않으나 나 나름대로 감정 저 깊숙한 곳에서는 절대로 잊지 않고잊을 수가 없으므로 '무시무시하게' 살아가는 것이다!절대로 공포스러운 분위기는 아님!^^

뒤끝 짱인 에피소드 하나.

초등학교 단짝 친구가 있었다. 빨강머리 앤을 마르고 닳도록 읽어서 엄마에게 책을 뺏길 정도로 좋아했던 내게 그 친구는 빨강머리 앤이 나에게 '강림한' 것과 같은 존재였다. 빼빼 마르고 주근깨가 있던 그 애와 나는 늘 같이 다녔고, 숙제를 같이하고, 방과 후에는 서로의 집을 오가며 거의 붙어살다시피 했다. 우리는 4학년 때 위대한 약속을 하나 했다. 대학생이 되면 서로 같이 자취를 하자고. 그리고 초등학교를 졸업할 무렵, 제발 같은 중학교에 배정되게 해달라고 열심히 기도를 했다. 소원대로 우리는 같은 중학교에 배정되었는데 이상하게 중학교에 가서부터는 우정에 조금씩 금이 갔다. 아마도 한국의 교육제도하에서 공부를 괜찮게 했던 '주류'에 속했던 나와, 그러지 못하고 늘 학교에서 자신의 가치를 평가받지 못했던 그 애 사이에는 점점 공통된 경험과 고민이 줄어들고, 그 애는 나름대로 열등감을 많이 축적했을 것이다. 그 애가 학교 공부를 어려워하기 시작했을 때, 나는 과외 선생을 자처해서 방과 후에는 같이 공부도 했었지만, 그 모든 노력은 우리의 옛 우정을 회복하기에는 역부족이었다.

그래도 같은 반이 아니었을 때는 괜찮았는데 중 3때 같은 반이 되었을 때 결정적인 사건이 발생하였다. 반장 선거가 있었는데, 내가 반장 후보로 나오게 되었다. 그런데 쉬는 시간에 그 친구가 주동이 되어 다른 아이를 찍자고 선거 몰이를 하는 것이 아닌가. 나는 누구보다 내 편이 되어줄 줄 알았던 아이가 어이없게도 그런 행동을 하는 것을 목도하고 너무나 큰 상처를 받았다.

그 사건 이후로 나는 그 친구를 내 마음 속에서 지웠다. 집이 코 앞이라 마주칠 경우가 많았지만 표면적으로만 대할 뿐이었다. 고등학교, 대학교 때, 그 이후에도 가끔 그 친구로부터 연락이 온 적이 있었지만, 간단한 대답만을 하였다. 이십 년이 넘은 이야기인데 나는 아직도 내 첫 우정의 배신감을 잊지 못한다. 그래서 나는 '질투'에 대한 일종의 트라우마를 갖고 있다. 사실 질투하는 것은 인간의 본성, 특히 여자들의 본성과도 같은 것이라는 말을 많이 한다. 그러나 나는 상대방에게서 질투하는 감정 비슷한 것이라도 대화에 느껴져도 슬그머니 피하게 되었다. 질투라는 감정이 좋은 관계를 파괴하게 하는 가장 큰 원인으로 여기게 되었다. 이렇게 나는 뒷 끝 짱인 속 좁은 인간이다. 사람뿐만 아니라 그냥 상처나 안 좋은 추억들의 배경이 되었던 '애꿎은' 장소들도 나의 '뒤끝 짱'의 대상이 된다.

그러나 이제는 이런 오랜 습성을 버리려고 한다. 기억력은 내 맘대로 조절할 수 있는 것이 아니므로 잊지는 못하겠지만, 의식적으로 타인에게서 받은 서운함을 털어버리고, 과거의 쓸쓸한 기억을 자꾸 곱씹지 말자는 선택을 하기로 한 것이다. 어떤 특별한 계기가 있었던 것은 아니었지만, 오래 전부터 이것이 내 많은 단점 중에서 가장 최악의 단점이라는 생각이 들었고, 내가 말과 행동으로 타인에게 준 상처가 이루 말할 수 없이 많을 텐데, 나는 무슨 권리로 내가 받은 것만을 기억하고 원망의 마음을 지우지 못하고 사나 하는 생각이 들었다. 돌이켜보면 참으로 많은 사랑과 도움으로 살아왔는데, 아름다운 추억으로 가득 찬 많은 시간들을 보내왔는데, 왜 그런 소소한 서운함에만 집중하나 하는 반성, 그리고 하나님께 죄송함!

소설가 박완서 선생님께서 금지옥엽 외아들을 사고로 잃고 나서 숱한 방황과 고통의 시간 속에서 신께 던진 항의와 질문은 "당신이 이번에는 실수하셨습니다. 왜 하필, 내 아들을, 왜 나에게…."라는 말들을 담고 있었다고 한다. 오랜 고통과 눈물 이후에 박완서 선생님은 다음과 같은 질문을 자신에게 던지면서 슬픔을 극복하고 신과도 화해한다.

"왜 나라고 이런 고통을 당하지 말라는 법이 있는가."

가장 사랑했던 이들로부터, 또는 애꿎은 운명의 시간들로부터 상처와 공격을 받을 때면, 왜 그들이, 왜 삶이, 나를 부당하게 취급하는가를 항의하기 전에, 내가 받은 그 많은 사랑은, 내가 그동안 누렸던 행복은 얼마나 '거저 주어진' 선물이었는지를 감사할 필요가 있다. 그리고 사랑받을 때, 행복할 때, 타인과 인생과 신께 감사함으로 충만해지는 순간은 마음속으로나마 또는 큰 소리로 이렇게 말해보는 것이다.

"사랑스러운 여러분, 소중한 여러분, 무엇 때문에 나한테 이렇게 잘해주시는 겁니까, 내가 이런 대접을 받을 만한 자격이라도 있습니까?"1)

2011. 2. 1.

15년 만에 산 이불

나의 영웅 중의 한 명인 조카 장운이가 중학교 1학년이 된다. 장운이의 부모는 중국 선교사로 10년을 중국에서 살았고 최근 몇 년은 서울에서 작은 교회를 개척하였다. 장운이는 세 남매 중 맏이고, 목회에만 전념하는 부모를 대신해 꼬마였을 때부터 장난꾸러기 두 동생을 돌보며 총명하고 착한 소년으로 자라났다. 장운이 엄마는 장운이를 임신했을 때 늘 성경책을 읽고 성경 전체를 손으로 필사했다고 한다. 그 결과 탄생한 장운이, 어렸을 때부터 영감 같은 분위기, 리틀 목사님이다. 철없고 감정 변화가 심해 화도 잘 내는 막내 이모인 나도 이상하게 장운이 앞에만 서면 쩔쩔매고 행동을 조심하게 된다. 너무도 선하고 순수한 눈빛에 일종의 카리스마가 풍기며, 이렇게 어린아이가 늘 남을 배려하고 불평하지 않는데 어른인 나는 무엇인가라는 자기반성을 늘 하게 만들기 때문이다. 장운이네가 월세로 사는 낡은 건물, 3층은 교회, 4층은 장운이네 집, 목사님네 사택이다. 아이를 하나 또는 둘 정도를 낳아서 그 아이에 모든 것을 올인하는 강남 엄마들에 오히려 익숙해진 나에게 장운이네 3남매가 목회자의 아이들로 사는 모습, 즉 나의 언니이자 사모인 언니가 아이들을 키우는 모습은 거의 충격적이었다. 좋게 말하면 요즘 유행하는 '자기 주도형'으로 키우고 있고, 좀 더 심하게 말하면 '방목' 수준. 즉 그냥 아이들을 집에 '풀어놓은' 상태에 가깝다고나 할까. 밑의 두 아이가 책 읽고 밥 먹고 놀고 하는 시간 대부분을 장운이가 감독하고 돌본다. 사실 목사님 부부는 교회 식구들 챙기고 교회를 돌보느라 새벽기도부터 시작되는 아침 일과는 밤이 돼서야 끝난다. 또 사모님도 신학대학원에 다니시느라 자기 공부 때문에 밤을 새우는 것도 다반사였다. 이렇게 기막히게 사는 이 식구들의 일상이 그래도 돌아가는 것은 상당 부분 장운이가 동생들을 챙기면서 부모님을 돕기 때문이다. 장운이 또래의 친구들, 즉 14살의 아이들이 얼마나 부모의 전폭적인 보살핌 속에서 '소황제'로 '쉽게' 살고 있는지 잘 아는 나는 장운이를 볼 때마다 마음이 짠했다. 특히 이제 사춘기 소년이 되어 가는데 자기 방도 없이 늘 동생들 사이에서 쭈그리고 자고, 마루 귀퉁이 책상에서 숙제하는 모습에는 할 말을 잃곤 했다. 장운이 반 친구들은 대부분 최고급 아파트, 넓은 자기 방에서, 자기 컴퓨터를 가지고, 부모가 시시때때로 깎아주는 과일과 맛있는 간식을 먹으면서 생활할 텐데 우리 장운이는 어린 시절부터 왜 이렇게 고생만 해야 하는지 하는 생각. 목회의 삶은 그 부모의 삶인데 장운이는 너무 선택의 여지도 없지 않은가.

장운이는 늘 모자를 쓰고 다닌다. 난 그 모습이 가끔 답답해서

"왜 모자를 맨날 써? 혹시 멋 내려고 그러니?"

"사실, 이모. 옛날 중국이 하도 추워서 늘 모자를 쓰고 다녔더니 그게 버릇이 되었나 봐요. 모자를 안쓰면 허전 해서요."

어린 시절 대부분을 중국 하얼빈, 그 추운 땅에서 자란 장운이는 늘 '방한용' 모자를 써야 했나 보다. 나는 장운이가 자기 부모한테 불평하는 것을 한 번도 본 적이 없다. 그리고 언제나 하루에도 수십 번씩 잔심부름을 한다. 예를 들면 동생들 학원 버스 태우러 가고, 내리는 거 마중 나가고, 엄마가 슈퍼 들리라면 슈퍼가고, 김밥 사오라고 하면 김밥 사러 뛰어가고 뭐 그런 식. 나는 보다 못해 장운이 엄마에게 소리를 질렀다.

"이 집은 늘 장운이만 괴롭히더라. 장운이가 무슨 심부름센터냐. 그만 좀 괴롭혀!"

이렇게 착하고 '감동적인' 나의 조카 장운이가 이제 중학생이 된다. 졸업 선물로 뭘 해줄까 물어봤더니 배시시 웃으면서 아무것도 필요없다 한다. 그러나 나에게는 오래전부터 계획해 둔 선물이 있었다. 그것은 바로 장운이 방 만들어주기. 장운이가 중학교에 들어갈 때 꼭 장운이 방을 꾸며 주고 싶었다. 그리고 모든 면에서 장운이의 시간과 공간을 보호하는데 '이 한 몸 바치는' 투사가 되기로. 히히.

사택은 방은 세 개인데 한 방을 창고처럼 쓰고 있었다. 그래서 그 창고처럼 쓰는 방을 청소해주기로 마음먹은 것. 책들과 옷가지를 치우고 불필요한 가구를 빼내고 하는 대대적인 청소작업이 이 문제에 관해 나와 붕어빵 같은 생각을 하는 큰 언니의 도움과 지휘로 이틀 동안 이루어졌다. 조그만 침대까지 들여놓고 우리는 예쁜 침대보와 이불과 베개를 사러 갔다. 사실 장운이네 모든 살림살이, 예를 들어 접시류와 침구류, 가구들은 모두 누구한테 받은 것이다. 그런데 이불은 너무나 낡아서 오래전부터 샀어야 했다. 아이들은 많은데 이불이 너무나 낡아서, 본래 살림 부분은 '초월'하신 장운 엄마 사모님마저 '이불이 좀 필요한 것 같다'라고 말하실 정도. 장운이 방 '환경미화'의 대미를 장식하기 위해 이불을 사러 간 할인매장, 장운 엄마는 도와주는 점원이 말을 해도 도통 말도 없고 나보고 알아서 하랜다. 그래도 직접 사용할 본인들이 골라야지 하자 장운 엄마 하시는 말 "야. 사봤어야 알지. 결혼 생활 15년 만에 처음으로 이불을 사보는 건데…. 뭐가 필요한지도 모르겠고 뭘 사야할 지도 아무것도 모르겠네"라며 빙그레 웃는다.

나는 장운이네 삶을 너무나 잘 알고 있다고 생각했는데도 그 말을 듣고 또 속이 울컥했다. 아니 어떻게 애가 셋이고 결혼생활이 15년이 넘었는데 홑이불 한 번 안 사보고 생활을 했을까. 여자라면 조금씩은 살림살이 욕심도 있고, 집을 꾸미고 싶은 마음도 있는데 이불 한 번 안 사보고, 생활에 필요한 모든 것을 다른 사람이 안 쓰게 된 중고 물품을 받아서 쓰면서 늘 이사 다니는 생활. 우리 장운이가 이렇게 멋진 아이로 자란 것은 부모의 이런 헌신적인 삶과 기도 덕분이었구나 하는 사실을 또 한 번 확인. 나는 그 순간 간절히 하나님께 기도했다.

"하나님. 장운이네 그래도 너무 고생시키지는 마세요. 그리고 우리 장운이가 중학교에서도 공부 잘하고 행복하게, 좋은 친구들 만나게 해주시구요."

장운이 것뿐만 아니라 샘이 많은 밑의 동생들 퀼트 이불까지 한 보따리 사서 돌아와 새 침대에 멋지게 깔아놓으니 햇볕 잘 드는 장운이 방은, 어른이 되어갈 소년이 편하게 쉬고 공부할 수 있는 멋진 공간이 되었다. 아무 말 없이 함박웃음인 장운이를 안아주고, 늘 악역을 도맡아 하는 성깔 있고 인기 없는 이모인 나는 마지막으로 샘이 나서 입이 이만큼 나와 있는 장운이의 밑의 동생들에게 소리를 질렀다.

"야. 너희 이제부터 장운이 형 방에 들어오기만 해봐라. 들어올 때는 노크하고 아예 들어오지 마. 그리고 숙제도 너희가 알아서 하고 형 괴롭히지 마. 중학생 되면 얼마나 학교 공부가 힘든 줄 알아? 장운이 시간 뺏고 방에 들어와서 어지럽히면 이모가 진짜 혼내줄거야!"

얼마나 살벌하게 말했는지 천방지축 제멋대로인 동생들도 이제 약간은 상황 파악을 한 눈치이다. 10살 둘째가 장운이 방을 노크하며 "오빠, 실례하는데, 이거 좀 물어보려고…."하며 말하는 것을 듣고 나는 속으로 빙그레 웃고 말았다. 그러나 이 집안의 특성상 긴장의 끈을 놓지 말고, 장운이의 시간과 공간을 위한 투쟁은 계속되어야 한다는 것을 나는 알고 있다. 그래서 요즘 틈만 나면 장운 엄마에게 문자를 한다. 형식은 다르지만 '동생들 장운이 방에 못 들어가게 해라' '장운이 부려 먹지 말고, 심부름 고만 시켜요'라는 일관된 메시지를 보내고 있다. 어제 밖에서 장운 엄마랑 점심을 먹고 헤어지면서 나는 이제 다시 언니를 못 볼 사람처럼 이렇게 운을 띄웠다.

"언니, 마지막으로 할 말 있는데…."

"뭔데?"

"장운이 방에 동생들 못 들어가게 해라."

"야. 너 진짜 미저리다. 알았다구. 내가 장운이 계모냐?"

"=@#$%^^%"

나에게 장운이는 큰 희망. 인조 인간 로봇처럼 아이를 조립하듯이 키우는 극성 한국 엄마들의 모습에 너무나 질린 내게, 장운이는 시원한 들판에서 하나님이 주시는 바람과 햇빛과 단비만으로 꿋꿋하게 커가는 예쁜 나무. 이 어린나무가 더욱 깊게 뿌리내려 세상의 빛이 되길.

2010. 2. 23.

관 뚜껑 덮을 때까지…

나에게는 십오 년 이상을 온갖 질병들로 투병하신 아빠가 있다. 그리고 그 아빠 옆에서 같은 세월을 간호하며 지키신 어머니가 있다. 아빠의 병은 하도 많아 읊자면 보험회사 광고 첫머리가 생각난다. '심근 경색, 고혈압, 당뇨, 디스크, 위암, 뇌출혈, 뇌경색' 등. 다만 그 모든 질병은 보험 회사가 보장해주는 것이 아니라 주로 어머니가 다 짊어지셔야 한다는 점이 다를 뿐…. 지난 세월 거의 일 년에 한두 번꼴로 장기간 입 퇴원을 반복하셨다. 우리 가족들은 늘 이번에는 아빠와 영영 이별할 것 같아, 그때마다 놀란 가슴을 쓸어내리곤 했다. 그렇게 고비 고비를 넘긴 세월이 벌써 십오 년이 다 되어 간다. 그 세월동안 신앙심 깊고 정신력도 강하셨던 어머니마저 '우울증'을 얻으셨고, '긴 병에 효자 없다'고 우리 4남매는 은근슬쩍 모든 간호의 짐을 엄마에게 거의 맡기다시피 하면서 각자 자기 생활에 쫓기며 살아왔다. 우울증 약을 하루 세 번 먹으면서, 아빠 병상을 지키는 70의 어머니를 지켜보는 것은 우리 형제들에게 참으로 큰 슬픔이었다.

이번 여름, 아빠는 또 입원을 하셨다. 소변에 피가 나와서 김사를 받았는데 아무래도 방광암인 것 같고 굉장히 악성이라는 의사의 소견을 들었다. 문제는 너무 다른 질병이 많아서 비뇨기과 수술을 할 수가 없고 환자의 체력도 견딜 수가 없다고 했다. 우리는 또 올 것이 왔구나 생각했다. 10년 전 아빠의 심장 수술을 담당하셨던 주치의는 엄마에게 '이번에는 각오하셔야겠다'고 힘주어 말했다.

엄마마저 이번에는 절망하신 것 같았다. 사실 우리 자식들은 아빠와 오래전부터 마음 속으로 이별을 준비 해왔다. 다만, 소원이 있다면 술과 바둑을 좋아하시고 약간 '노자 장자' 같은 풍모가 있는 아빠의 품성과 어울리는 마지막 삶의 시간이길 바랬다. 아빠는 자존심이 강하고 자식들에게조차 폐 끼치는 것을 싫어하시는 분이다. 오랜만에 병문안을 가도 1분도 안 되어 언제나 '되었다. 이제 가라. 애들 기다린다' 하시며 가라고 하시는 분이다. 이번에는 하도 기력이 없어 눈조차 못 뜨신다. 언니는 눈물 고인 눈으로 말했다 '아빠가 이제 가란 말도 안 하시네'라고.

작년에 둘째를 낳고 산후조리원에 있을 때, 난 너무도 생생한 슬픈 꿈 하나를 꾸었다. 수변이 모두 깜깜한 밤, 그 꿈속에서 이상하게 엄마와 나는 밤 바닷가에 있었다. 이상한 무늬들이 그려진 수영복을 입은 엄마는 막 밤바다 속으로 들어가려고 하고 있었다. 나는 몹시 화가 나고 기가 막혀서 엄마에게 '왜 추운데 이 밤에 바다 속으로 가려하냐고' 울며불며 소리를 쳤다. 엄마는 수영을 전혀 못하는 분이시다.

우리 식구들은 여름에도 바다로 피서를 안 갈 정도로 물을 약간 '무서워하는' 사람들이고 내 기억 속에 엄마가 수영복 입은 모습은 없다.

그런데 그 꿈 속에서 엄마는 그 이상한 수영복을 입고 거의 일그러진 표정으로 바다로 들어가야 한다고 계속 고집을 피웠고 결연한 모습으로 엄마가 그 앞을 볼 수 없는 밤바다, 차가운 바다 속으로 뛰어든 순간, 난 식은땀을 흘리며 꿈에서 깼다.

깨고 난 후에도 추운 밤바다의 이미지는 너무도 강렬하여 바닷소리가 들리는 듯했다. 산후여서 심신이 몹시 허약한 상태여서 이상한 악몽을 꿨다고 마음을 가라앉히다가, 나는 그만 울고 말았다. 좀 전에 꿨던 꿈의 '이야기'가, 그 '의미'가 감지되었기 때문이다. 생명의 귀함을 아시고 그것을 지키려고 끝까지 그 줄을 놓지 않으시려고 하는 엄마는 벌써 십 년 넘게 병든 아빠를 돌보고 계셨다. 아빠의 병이 너무 여러 가지여서 손을 쓸 수 없는 상태에도 엄마는 포기하지 않으셨다. 자식들에게는 강한 모습만 보이셔도, 아빠의 병상을 지키는 엄마의 심정은 매 순간, 추운 밤바다에 물도 싫어하고 수영도 못하는 사람이 뛰어들어 몸에 좋은 귀한 해초라도 건지면서 기적을 기다리는 그런 심정과 비슷하지 않았을까.

그로부터 일 년이 지난 지금, 엄마는 이제 눈조차 못 뜨시는 아빠, 너무 말라 앙상한 나뭇가지 같은 팔다리를 힘없이 늘어뜨리고, 하루 종일 죽음과도 같은 잠을 주무시는 아빠 곁에서 아직도 병상을 지키고 계신다. 병원에서도 별다른 조처를 해줄 것이 없다고, 요양병원 같은 곳을 알아보라고 하는데도 엄마는 의사에게 애원하며 '절대 병원을 나갈 수 없다'며 대학 병원을 고집하고 계신다.

오늘 나는 엄마를 조금이나마 쉬게 해 드리려고 오랜만에 쉬는 날에 아빠 곁을 지키고 있었다. 무심코 엄마 수첩에 눈길이 갔는데 그것을 뒤적거리다 다음 구절이 수첩의 어떤 페이지에 크게 쓰여 있는 것을 보게 되었다. '관 뚜껑 덮을 때까지 기도해야 한다'라고. 그것도 몹시 여러 번 어지러운 엄마의 글씨체로 쓰여 있었다. 나는 그 구절을 쓰면서 남편과 사별할 두려움과 싸웠을 칠순의 노인, 내 어머니의 생에 대한 집착과 절망이 소름끼쳤다. 내가 아이들이 다 크면 별로 건강에 대한 미련이 없을 거라고, 열심히 살다가 죽을 때는 스코트 니어링처럼 인위적인 치료와 음식을 거부하고 죽고 싶다고 삶과 죽음에 대해 아무것도 모르면서 '건방지게' 떠들어대고 있는 동안, 자신의 아이들 4명과 조카 한 명, 손주 2명을 젖먹이 때부터 키우시고, 오랜 세월 아빠를 간호하신 나의 어머니에게는 어떤 상황에도 삶과 죽음의 문제에 대해서는 절대로 겉멋 든 생각이 끼어들 수 없다. 그저 끝까지 돌보고 지킬 뿐.

엄마는 또 자신이 더욱 최선을 다하지 못함을 늘 자책하신다.

"얘야. 아빠한테 너 잘해드려야겠다. 말 한마디 못하셔도 정신은 다 아시는 것 같아. 오늘 아빠 배변을 치워드리는데 다 치우고 아빠를 보니, 눈에 눈물이 가득 고여 있는 거 아니겠니? 나한테 창피하고 미안하겠지, 니 아빠가 자존심이 세잖니…. 난 아무렇지도 않은데. 참 불쌍해, 앞으로 더 잘해줘야지."

엄마 말을 듣고 난 아빠가 불쌍하고 엄마가 매우 고맙다는 생각 대신 아주 못된 생각만 들었다. 절대로 나는 그렇게라도 살고 싶지 않다고. 미래의 나의 죽음은 제발 소원컨대 급속도로 이루어지길. 대소변을 못 가리고 사랑했던 가족들 얼굴도 못 알아보고, 말 한마디 못하는 그런 시간을 거치지 말기를.

그날 밤 난 아빠와 엄마의 이야기를 전하면서 남편에게 간절히 부탁했다. 우리 아이들이 삶을 사랑하고, 삶을 스스로 꾸려나갈 능력이 있는 시간일 때, 내가 깊은 병이 들게 되면 절대로 의료조치로서 연명하게 하지 말라고. 당신은 간호할 생각도 하지 말고 간병인에게 맡기고, 호흡기나 대소변 호스 같은 거 달게 되면 제발 더 삶을 연장하는 조치를 하지 말라고. 아빠의 병환이 이렇게 깊어졌음을 은사님께 이메일로 전했을 때 나는 다음과 같은 답장을 받았다.

> 참으로 힘든 시간을 보내고 있겠군. 인간이 대소변을 가리지 못하면 그 순간부터 인간으로서의 존엄성, decency가 사라진다는 생각이야. 내 아버지는 그러신지 꼭 3주 만에 돌아가셨다오. 그때부터 나는 어디서건 아버지가 빨리 돌아가시기를 빌었지. 이러한 자식이 좋은지 그래도 오래 사시라고 비는 것이 옳은지는 나도 몰라요. 누구도 모를 거예요. 부모의 일은 그만큼 중요해서 우리의 일반적인 도덕의 잣대가 다 소용없어집니다.

삶과 죽음에 대해 피상적인 우리가 이런 식으로 떠드는 동안에도 엄마는 한시도 쉬지 않고 '관 뚜껑 덮을 때까지 기도해야 한다'며 쉴새

없이 아빠를 돌보고 기도하고 있다. 그런 엄마를 지켜보며 난 단말마의 비명을 지르고 싶다.

아. 삶이여. 나는 네가 지겹구나.

내 몸까지 칭칭 감겨들지 마라. 나는 네가 징그럽다. 징그럽다.

2010. 10. 5.

따뜻한 우유 한 모금

아빠가 돌아가신다. 우리말 문법도 안 맞는 이 문장은 내 슬픔으로부터 뒤틀려진다. 오랜 세월동안 병마와 싸우는 것을 지켜보면서 그토록 준비해왔다고 생각해왔는데 또다시 마음이 무너진다. 오늘 의사는 삼일을 넘기기 어렵겠다고 하였다. 삼일…. 그 시간이 정확히 맞지 않을지라도 임박한 아빠와의 이별에 나는 어찌할 바를 모른다. 우리 형제들과 엄마는 지난 4개월 전부터 아빠의 죽음을 준비해왔다. 어떤 날 엄마는 동대문에 수의를 사러 가셨고, 어떤 날은 형제들 몇몇이 모여서 파주에 화장 후 아빠의 유골을 모실 봉안당을 예약하고 왔다. 그리고 아빠가 간간이 의식이 돌아오실 때면, 손을 잡고 아빠에게 수없이 사랑한다고, 키워주셔서 고맙다고, 매우 좋은 아빠였다고 인사를 했다. 아빠는 눈조차 뜨시기 어려워 이내 눈을 감고 죽음과도 같은 괴로운 수면상태에 빠지시곤 했다. 그러는 시간 동안 아빠의 몸에는 하나 둘 호스와 이상한 관이 여러 개 연결되어 갔고, 폐에도 관을 삽입했고, 소변 줄과 같은, 음식물을 공급하는…. 또 산소를 공급하는….

그런 시간이 지나면서 나는 '저렇게 고통스럽게 삶을 연장하는 것은 사는 게 아니야'라는 생각을 했다.

아빠의 죽음을 준비하면서도 삶은 또 흘러야 하는 것이라서 나는 학교에서 강의했고, 밤이면 두 살 된 나의 아기, 내 아버지의 마지막 사랑이었던 둘째를 꼭 껴안고 잠이 들었다. 그러나 잠은 언제나 편치 않아 나는 새벽녘에 오늘 아빠는 이 밤을 견디셨을까, 엄마는 어느 차디찬 병원 대기실에서 중환자실 면회시간만을 기다리고 있을까 하는 걱정도 하며, 어느 날 꿈결에서는 40대였던 젊은 아빠의 모습을 만나기도 하면서 새벽을 맞곤 했다.

오늘은 딸아이 친구 엄마들의 모임이 있는 날이었다. 학부형들 모임이나 학교 행사에 늘 참석을 못하고 큰아이를 너무 신경 못 써 준거 같아, 학교 소식도 들을 겸 오랜만에 길을 나섰다. 약속 장소는 이태원의 어느 화려한 레스토랑이였고 우리는 아이들 이야기를 나누면서 수다를 떨고 브런치를 먹고 헤어졌다. 중환자실 면회시간까지 시간이 꽤 남아있었으므로 나는 이태원 거리를 걷기로 했다. 맥주 한 잔을 마셨고, 좀 걷다가, 다시 책을 읽으러 작은 빵집에 들어가 따뜻한 우유 한 잔을 시켰다. 밖에서 갑자기 겨울비가 쏟아져 사람들이 여기저기 상가 처마 밑에서 비를 피하는 모습이 보였다. 딱 맥주 한 잔을 마셨을 뿐인데 지난 몇 개월 동안 누적된 두려움과 슬픔으로 지쳐 있던 나는 아마 취하였나 보다. 따뜻한 우유 한 모금을 머금고 창밖을 보는 순간 나는 그만 방금 머금은 우유만큼 뜨거운 눈물을 쏟고 말았다.

얼굴 전체를 적시는 굵은 눈물, 볼 위로 뜨거운 눈물 줄기가 계속하여 흘러내렸다. 언제나 외국인들과 쇼핑객으로 북적거리는 이태원

한복판, 시끄러운 빵집 속에서 다 큰 여자가 혼자 덩그라니 앉아 울고 있을 수는 없는 일이라 머릿속에서는 멈추라 하였으나 눈물은 계속해서 흘러내렸다. 나는 아무런 생각도 없이 잠깐 쉬면서 우유를 마시려 했는데 나의 영혼은 아마 그 순간, 정말로 가까이 와있는 아빠와의 이별을 온전히 감지한 듯이 도저히 통제가 되지 않은 채로 굵은 눈물이 소리도 없이 계속 흘러내렸다. 한참을 그렇게 있으면서, 아, 앞으로 나는 이 눈물을, 이 순간의 이태원 거리 풍경을 영원히 잊을 수 없겠다는 생각을 했다. 머지않아 아빠의 장례식이 있을지라도 지금 이 복잡한 이태원 거리, 어느 빵집 귀퉁이에 홀로 앉아 울면서 감지한 사별의 슬픔보다 온전한 눈물도, 온전한 슬픔도 느끼지 못하리라.

지난 시간 동안 감정이 여러 가지로 너무나 혼란스러웠다. 근친의 죽음을 처음 준비하는 시간 동안, 아기로 태어나서 다시 아기처럼 걷지도 못하게 되고, 대소변을 누군가에게 의존해야 하며, 고형 음식을 씹을 수 없어 다른 방식으로 영양분을 공급받으며, 혼자서는 숨을 쉴 수 없어 인공호흡기에 의존하게 되는, 한 인간의 육신이 서서히 사그라지는 과정을 고통스럽게 지켜보면서, 나는 아기 같은 인간, 그 나약함과, 결국 혼자 죽음을 마주해야 하는 인간의 외로운 운명을 엿보았다.

중환자실의 면회시간은 오전 11시부터 11시 30분까지, 저녁 7시부터 7시 30분까지 하루에 딱 두 번밖에 허용이 안 되었다. 호스피스 병동으로 옮기려고 해봤으나 아빠에게 꼭 필요한 의료 기기들은 중환자실에서만 사용할 수 있다고 해서 병실을 옮기지 못하였고, 우리 가족은 중환자실의 규칙에 따라 짧은 면회시간에만 아빠를 볼 수 있었다.

어느 날 아빠는 눈조차 못 뜨시고 말도 못하셨으나 면회시간 내내 엄마의 손을 놓지 않으셨다고 한다. 혼자 있기가 얼마나 두렵고 무서우셨을까. 어떤 날은 감은 눈에서 쉴 새 없이 눈물이 새어나와 우리도 눈물을 참으며 아빠의 눈물을 계속 닦아 드려야 했다. 이런 슬픈 시간들을 겪으면서 이제 4개월째 우리 가족은 아빠와의 이별을 준비하고 있다.

나는 병원으로 향하였다. 중환자실 앞에서 기다리다가 면회시간이 되었고 나도 아빠를 만나러 들어갔다. 주어진 몇 분의 시간 동안 나는 아빠의 손을 잡고 볼과 손에 키스를 퍼부으면서 귀에 대고 말했다. "아빠, 막내딸이야, 아빠 너무너무 고마워, 사랑해, 최고의 아빠였어요, 우리 아이들까지 키워주고 사랑해줘서 너무너무 고마워요, 나도 좋은 사람이 될게, 아빠 그리고 무서워 하지마, 대향 언니가 그러는데 아빠는 천국 간대, 모두 아빠를 사랑하고, 모두 기도해요. 외로워하지 마세요. 아빠, 하나님이 아빠를 사랑하세요."

면회시간이 그렇듯, 언제나 눈물 콧물이 범벅되어 나는 무슨 말을 했는지, 아빠는 내 말을 알아들으셨는지도 모른다. 그러나 오늘도 아빠의 손은 아직 따뜻했고, 그 손을 잡을 수 있었던 몇 분이 감사할 뿐. 눈물과 기도가 간절해지는 지금 이 순간, 나는 꿈인지 환상인지, 베이지색 점퍼를 입은 아빠가 가벼운 걸음으로 이생의 길을 떠나는 뒷모습을 보고 있다.

2010. 12. 3.

슬픔이 좋은 점

슬픔이 좋은 점은 무언가를 배울 수 있다는 것에 있단다. 며칠 전 어디선가 눈길이 머문 곳에서 읽었는데 도무지 출처는 기억나지 않는다. 신문 칼럼인지 책 정리하다 우연히 펴진 페이지의 첫머리 문장인지…. 아빠의 병환이 회복을 기대할 수 없는 지경이 되어 의사들도 특별한 조치는 해 줄게 없다고 말한 이후에 우리 4남매와 엄마는 '슬픔'에 푹 잠겨 일상을 영위하고 있다. 친구와 가벼운 점심 약속을 잡기도, 여행을 갈 수도 없는 시간이고, 그냥 묵묵히, 외롭고 고통 중에 있는 아빠에게 '덜 죄송스러운' 마음이 드는 시간을 보내려 애쓰고 있다. 아니, 그러려고 노력한다기보다, 저절로 그렇게 되고 있다. 도무지 즐거운 일을 할 의욕은 나지 않기 때문이다.

그러나 이러한 슬픔의 시간 속에서, 이제 말도 못하시는 아빠의 고통과 외로움에 공감하면서, 나는 또 무언가를 배운다. 우선 죽음에 대해서 처음으로 정직하게 생각하게 되고, 아빠의 입장이 되어서, 내가 아빠처럼 음식물과 물도 호스로 공급받고, 인공호흡기를 끼고, 신체의 어떤 부위도 움직일 수 없지만, 의식은 아직 남아있는 상태로 누워서 있을 때, 어떤 마음일까, 무슨 생각을 할까를 계속 상상을 하게 된다. 세상과 가족과 소통할 수 없고, 얼마 남지 않은 내 인생을 있었던 그대로 돌아보게 될 때, 나는 무슨 생각을 하고 있을까. 한 가지 분명한 것은 내가 지금 이 순간 어떤 것들에 대해서 가진 '가치'들이, 그 순간에는 전혀 '무가치'하며, 중요한 우선 순위가 뒤바뀔 것이라는 점이다. 죽음을 바로 앞에 둔 순간, 이미 많은 사람이 증언한 것처럼, 많은 것을 다르게 보고, 살면서는 왜 몰랐을까 후회하겠지.

내가 사랑하는 한 친구는 '다운 증후군' 딸을 낳았다. 그 친구는 딸 때문에 한동안 눈물로 살아갔다. 다운증후군 아이를 낳은 많은 엄마는 시댁으로부터 쫓겨나고 남편에게 이혼을 당한다고 한다. 내 친구 남편의 첫 말은 "살다 보니 이런 일도 생기는구나"였다. 그러면서 부인에게 "남들이 모르는 것을 하나 더 알면서 살아간다고 생각하자"고 담담하게 말했다 한다.

함께 아이를 정성스레 키워가면서 그 부부는 나날이 참으로 아름다운 사람들이 되어간다. 나는 이들 부부가 일상에서 아이를 키우면서 보여주는 정성과 인내를 지켜보는 모든 사람까지 조금씩 변화했으리라 생각한다. 나 또한 그랬으니까. 각자 그들 삶으로 돌아가서, 자신의 아이를 볼 때, 더 눈물이 고인 눈으로, 이들과 내가 이 지상에서 만난 인연의 끈이 뭔지 다시 한 번 생각하게 되지 않았을까.

죽음이 내게 임박한 순간, '많은 것의 가치가 뒤바뀌겠지' 하는 생각에 이르자, 가장 먼저 떠오른 것이 이상스레 '다운 증후군'으로 태어난 내 친구의 딸이었다. 그 애 엄마와 아빠의 십자가라고, 감당하기에는 너무나 무거운 짐이라고 생각되던 아이. 그러나 내 친구가 지금까지와 같이, 삶에 지치지 않고 씩씩하고 아름답게 살아간다면, 그녀가 삶을 떠나는 시간이 가까워졌을 때, 아마도 다음과 같이 말하지 않을까.

'몸이 불편한 내 딸이, 내가 그 애를 위해 흘린 눈물이, 내 애달픔이 구원의 통로였구나. 내가 그나마 괴물 같은 인간으로 삶을 끝맺지 않은 힘이었구나. 그 애가 없었으면, 나는 어떤 인간으로 살았을까. 함께 삶을 이겨내면서 나는 내가 원래 될 수 있었던 사람보다, 훨씬 넉넉하고 타인과 고통을 이해하는 사람이 되었구나' 하는 깨달음.

나는 이제 진심으로 친구의 고운 얼굴을 연민 없이 바라볼 수 있을 것 같다.

우리가 '꽉 찬 네모처럼' 눈물도 슬픔도 없는 완벽한 생활 속에 있고, 내가 볼 수 있는 세계가 나의 고급 아파트 안에 머물러 있다면, 나는 어디를 향해서도 나아갈 수 없는 그 자리에 멈춰 있는 무거운 돌덩이가 되어갈 것이다.

신이 우리에게 간간이 슬픔과 고통을 주시는 이유가 아마도 우리가 여기에 멈춰 있지 않도록, 갈수록 비대해져 가는 정육면체의 육중한 돌덩이로 남지 않게 하신 장치가 아닐까. 슬픔과 눈물로 가득 차, 유난히 더 추운 이 겨울, 아빠는 나에게 마지막으로 또 많은 것을 가르쳐주시고 있다.

2011. 1. 30.

아빠와 나만의 스토리

극도로 피곤하고 지친 모습일 때 이렇게 묘사한 소설 한 구절이 기억난다.

'그녀는 방금 3일장을 마치고 온 사람처럼 지치고 피곤해 보였다.'

오랜 시간 투병하시던 아빠가 4일 전에 하늘 나라로 가셨다. 삼일장을 마치고, 돌아왔다. 심신이 이렇게 지칠 수도 있구나 싶다. 난 화장시켜 드리자고 고집했었다. 아빠를 괴롭히던 병마들이 너무 많아서 그 모든 것을 다 날려버리고 싶었다. 그러나 병마로 시달리신 몸을 화장시킬 때, 사랑하는 나의 아빠가 한 줌의 뼛가루로 변한다는 사실이 너무나 허무하고 고통스러웠다. 화장하는 시간이 오래 걸리므로 친척들과 형제들은 늦은 점심을 먹으러 갔지만 나는 아빠의 영정사진을 붙잡고 통곡을 하며 울어야 했다. 아빠를 부르며 통곡했다. 나는 4남매의 막내딸로 아빠의 넘치는 사랑을 받았다. 심지어 중환자실에서 의식 없이 몇 개월을 누워계실 때조차도 간간이 의식이 돌아오신 듯 눈을 뜨시면 한없는 사랑을 담아 나를 힘겹게 쳐다봐주시곤 했다. 언니들이나 오빠도 그렇겠지만 나는 아빠와 나만의 스토리가 있다.

공무원이셨던 아빠는 2번 버스를 타고 출근하셨는데 초등학교 때 방학이면 나도 같은 버스를 타고 시립도서관에 갔다. 아빠는 말이 없으신 분이라 버스에서도 별말이 없으셨다. 하지만, 나보다 한 정거장 앞서 내리실 때면 주머니에 있는 동전을 모두 꺼내서 내 손에 쥐어 주시고 '책 읽다가 과자 사먹어라' 하시고 내리시곤 했다. 나는 책을 읽다가 배가 고프면 아빠가 준 돈으로 컵라면도 사먹고 과자도 사먹고 책도 읽고 하루를 보내고 돌아오곤 했다. 아마 초등학교 3~4학년쯤, 그 시절 아빠의 베이지색 점퍼와 내 손에 동전을 쥐어 주시던 도톰한 손이 생각난다.

중학교 때에 나는 교내 신문을 편집하고 사설 부문을 담당하였다. 한 학년에 오백 명이 조금 못되었으니 중 3까지 약 1,500명의 전교생을 상대로 하는 학교 신문의 '주필'이자 편집 담당이었던 셈이다. 아빠는 이것을 몹시 자랑스러워하셨다. 한 달에 한 번씩 고민해서 사설을 써서 신문이 나오면 꼭 아빠를 보여 드렸는데 아빠는 이것을 읽고 꼭 논평을 하셨다. 신기했던 것은 내가 술술 쓰고 마음에 들었던 것은 아빠가 매우 칭찬하셨고, 억지로 억지로 썼던 것은 아빠가 별 언급하시지 않았던 기억이 난다. 어린 나이에 난 어떻게 아빠는 그걸 아실까 이상했다.

고등학교 때는 이상하게 마음을 못 잡아 성적도 많이 떨어지고 학교에 적응을 잘 못했다. 아빠는 가끔씩 퇴근 후 독서실로 찾아와 고기를 사주시곤 별 말없이 또 돌아가셨다. 고3의 어느 날엔 학교로 편지를 보내오셨다. 아빠가 야근하시면서 쓰신 3장의 편지었는데 성적 때문에 너무 좌절하지 말고 밝은 마음으로 웃으며 살면 된다는 내용이었는데, 나는 아빠한테 너무 미안해서 그 편지를 보면서 내내 울었다.

우리가 살던 산동네가 재개발되어 멋진 새 아파트로 이사 가던 날 아빠는 제일 먼저 나를 데리고 새 집을 둘러보러 가셨다. 방마다 소리치며 '집 너무 좋다. 내 방도 너무 멋지다' 라고 외치면서 뛰어다니는 나를 보고 기뻐하시던 모습, 아빠가 자신을 뿌듯해하시던 그 행복한 표정을 잊지 못한다.

대학교 때는 늘 밖으로 떠도느라 아빠와 많은 시간을 나누지 못했다. 그러나 유학을 간다고 하였을 때 정년퇴직 후 집안 살림이 어려워졌는데도 불구하고 아빠는 흔쾌히 지원해주셨다.

유학을 떠나던 날 아침. 아빠는 또 아무 말 없이 공항까지 따라오시며 한마디 하시면서 "짐에 아빠 오리털 파카 넣은 거 입어라. 지도를 찾아보니 그 지방이 추울 거 같다. 추울까 봐 걱정이야." 라고 말씀하셨다. 말없이 막내딸 추울까 봐 걱정하시던 눈빛이 너무나 그립다.

오랜 세월 후 박사 논문을 마치고 보여 드렸을 때 아빠는 또 별말씀 없이 우셨다. 그 당시 아빠는 오랜 세월 병마에 시달리고 계셨고 온몸은 앙상하게 말라 기운이 하나도 없으셨다. 나는 아빠가 병마로 인해 모든 것에 관심이 시들해지신 줄 알았는데 내 박사 논문의 서문을 보고 우시는 모습을 보고 깜짝 놀랐다.

아빠와 나만의 스토리를 돌이켜보니, 그분은 언제나 말없이 나를 지원해주셨고, 내가 공부를 하고 글을 쓰는 사람으로 성장하는 길목 길목마다 언제나 든든한 버팀목이었으며, 폭력적인 말 한마디 한 번

하신 적이 없다. 언제나 자랑스러워하는 눈빛으로 나를 바라보셨고 임종 직전 마지막으로 의식이 있으셨던 순간까지도 눈빛 안에 사랑과 축복을 가득 담아 나를 지긋이 바라보셨다. 가부장제에 대한 페미니즘 서적을 보면 느낌이 오지 않는다. 한 번도 권위적인 언어조차 사용하지 않으셨다. 그분이 창조하셨던 집안의 자유로운 분위기, 언제나 존중받았던 기억으로 나는 뛰어난 자는 아니나, 적어도 배움을 사랑하고, 자신과 타인을 귀히 여길 수 있는 사람으로 성장할 수 있었고, 그렇게 나이 들어갈 것이다. 그러나 그런 사랑을 주신 아빠께 해드린 거 하나 없이 보내드려 죄송하고 죄송해요. 아빠의 사랑을 잊지 않겠습니다.

2011. 3.

향자매 이야기

사람들은 우리를 '향자매'라 불렀다. 아빠는 하필 그 많은 글자 중 '향기 香' 자를 택하여 당신이 그리 사랑하셨던 세 딸의 이름을 지으셨는데 바로 '덕향-대향-우향'.

커서 딸들이 자신의 이름에 대해서 보여준 반응은 '그닥~' 좋지는 않았다. '향'은 'O숙'이나 'O자' 돌림 자들에 근접하는 촌스럽고 시대에 좀 뒤떨어진 느낌이 확연하다고 생각되었으므로!

큰 언니 '덕향 德香'은 발음이 '더캼'으로 된다면서 자기 이름이 우리 셋 중 젤 별로라 투덜거렸다. 작은 언니 '대향 大香'은 언제나 '지나치게 착한 사람'이었므로 아빠의 위신을 생각해 별 불만을 말하지는 않았고, 나는 그래도 좀 다행이다 싶었다. 일단 셋 중에서는 제일 덜 촌스럽다 싶었고 다른 'O향'의 가능성, 예를 들면 '미향, 수향, 계향, 춘향…'의 가능성을 생각해 봐도 아슬아슬 참담한 결과를 피했기 때문이다. 나 자신이 갖는 내 이름에 대한 '그래도 감사함!'은 중 · 고등학교 국어선생님들이 매번 강화시켜 주었다.

학창시절, 매 학기 첫 시간, 출석부 이름을 부르시면서

"징우향… 우향이라… '향'자 들어간 이름치곤 안 촌스럽네…."라

고 위로 아닌 위로를 해주시곤 했기 때문이다. 입방정인 것은 가끔 친구들이었는데 '기생 이름 같다' 라든지 '춘향이와 관련 있느냐?' 든지 아니면 전교생이 모이는 아침 조회 시간에 '우향 우' '우향 앞으로 가!' 라는 구령에 키득거리거나 내 앞으로 오는 장난을 친다는지 했던 정도.

아빠는 우리가 투덜거리면 이름이 얼마나 크고 좋냐며 응수하셨다. '덕향은 큰 향기, 대향은 대한민국의 향기, 우향은 宇宙할 때 쓰는 '우' 이니 우주의 향기' 라고. 프랑스 유학 시절, 외국 친구들에게 장난삼아 "내 이름 뜻이 뭔지 아느냐? 우주의 향기란다" 라고 했더니 모두 키득키득 웃으며 케빈 코스트너 주연의 「늑대와 춤을」에 나온 인디언들의 희한하고 긴 이름들을 떠올리는 듯싶었다.

어쨌든 우리 향자매들은 각자 나름의 촌스러운 이름을 가지고, 한 방을 쓰고, 밤이면 빨간색 노란색 꽃무늬가 그려진 큰 요를 깔고 한이불을 덮고 자랐다. 잠이 안 와 수다를 한참 떨면 바로 옆방인 안방에서 엄마가 '너희 안 잘래!' 하고 한소리 하시면 잠시 조용해졌다가, 깊은 새벽 '메밀 묵~ 찹쌀 떡 사려~' 라는 장사 아저씨의 구성진 목소리가 무섭다고 언니들 베개로 코를 박고 잠이 들던 시절. 마포 한구석, 신수동 집, 셋째 골목 셋째 집의 딸 셋인 우리는 어린이에서 소녀로, 처녀로 자라고 있었다.

나와 8살 차이인 큰언니는 학교를 1년 일찍 들어가 내가 초등학교일 때 이미 예쁜 여대생이 되었다. 바로 밑의 오빠를 비롯해 여동생 둘의 온갖 것을 챙겨주던 우리들의 '젊은 엄마'. 직장인이 된 언니의 월급은 동생들의 옷을 사주고, 피자를 사주고, 외국어 학원을 끊어주고, 용돈을 주느라 늘 모자랐다. 언니가 결혼하던 날, 결혼식장에서 눈이 마주친 우리는 서로 울고 말았는데 그 뒤로 엄마는 언니 화장 번진다고 언니 옆에 가지도 못하게 했다. 언니가 세 아이의 엄마가 되고 공무원인 형부의 근무지에 따라 부산과 광주와 강진으로 이사 다니는 동안에도 나는 언제나 틈만 나면 언니를 졸졸 따라서 다니려 하는 철없는 막냇동생이었다. 프랑스 유학 시절, 언니는 계절마다 예쁜 옷들과 연애편지 같은 편지를 보내왔다. 대향 언니도, 오빠도 각자의 삶의 역사 속에서 언니가 베풀어준 하염없는 선물들과 사랑에의 기억들을 저마다 갖고 있으리라….

오빠와 대향 언니, 나는 이 젊은 엄마를 올가을에 잃었다. 남은 삼남매인 우리는 할 말을 잃은 채 상처 입은 짐승처럼 각자의 동굴에서 웅크리고 서로 전화조차 하지 않는다.

며칠 전 나는 내게 남은 '향자매'인 대향 언니를 보게 되었다. 그녀는 방 구석진 곳에서 성경을 읽고 있었다. 나는 언니에게 다가가 가벼운 척 오랜만에 말을 선넸다.

"이제, 우리만 남았네. 잘 지내 봅시다!" 라고 말하며 악수를 청하듯 손을 내밀었다.

그때 언니는 갑자기 얼굴을 들며 5살 어린이 같은 카랑카랑하고 톤이 높은 목소리로 거의 소리를 지르듯 말하였다.

"언니 없어? 언니 아직 있어!" 라고. 그러면서 다시 "언니 있어! 여기!" 하며 손가락으로 가슴을 짚으면서 떼를 쓰는 어린이처럼 큰 소리로 말하는 것이 아닌가. 남은 향자매 둘은 또 울고 말았다.

'타인의 아름다움'을 보는 것이 힘들 때 살아갈 용기를 얻을 수 있는 가장 큰 위로란다. 나는 천사같이 착하고 아낌없이 베풀었던 아름다운 언니 둘을 통해, 그 자매애를 통해 삶의 모든 순간 '위로'를 받았음을 신께 감사한다. 이 땅을 믿지 않은 이들에게 죽음은 부활이며 다른 세상에의 태어남이니, 우리 향자매들은 또 시끌벅적 웃으며 해후하리라.

2014. 10. 10.

2부_ 배우며

강박증과 이끌거리는 열정사이

내 친구 한 명은 나를 늘 '강박증' 환자라고 비난한다.

강박증의 의학적 정의가 뭔지 모르지만, 다음과 같은 증상을 일컬어 그녀는 그렇게 말하는 것 같다.

- 한 가지만 생각한다. 일단 그 문제가 풀릴 때까지
- 잔 걱정이 많다.
- 쉴 때 불안해 한다.
- 멀티테스킹 불가.
- 우연한 일을 운명이라고, 좀 더 구체적으로 하나님의 도움이라고 여긴다.

자기 자신에 대한 비난을 모두 감수하면, 어느 순간 자기를 싫어하게 될 것이고, 그러면 살 힘을 잃게 될 것이므로 나는 스스로를 변호하고 싶다. 나의 '강박증'은 모든 부분에 걸쳐 있는 것이 아니라 대부분 '시간'과 관계된 것이라고. 일상의 다른 부분에서 나는 대부분 '천하태평'이며 오히려 '게으름의 극치'에 근접하는 삶을 산다. 그러나 시간에 관해서는 나는 그 친구의 말대로 '강박적'이다.

나이가 들면서 주변의 일이 너무 많아져서 시간은 점차로 온전한 내 것이 아니다. 특히 여자들 주부들의 시간은 늘 '통시간'이 아니라 '짜투리' 시간이다. 또 계획을 할 수가 없고 늘 다른 일이 개입된다. 예를들어 아이가 잔 후 10시 이후부터는 자신만의 시간을 갖기로 하여도 아이는 수시로 깨고, 감기가 들면 밤새 업고 있어야 하고, 영화를 보려고 해도 갑자기 핸드폰이 와서 부모님께 가 봐야 하며 등등. 내게 육아의 힘든 점은 무엇보다 시간과 관련되어 있다. 늘 아이를 위해 '대기 상태'여야 한다는 점. 이기적으로 30년 이상을 살아왔더니 엄마로서 헌신하여 내 시간을 온전히 내어주는 것에 적응하기가 참으로 힘들었다.

그러나 공부하는 길을 택한 나에게 일정량 공부하는 시간과 공간의 확보는 숨 쉬는 것과 마찬가지로, 정신 건강을 위해 매일 매일 가야 하는 산책처럼 중요하다. 그것은 공부를 안 했어도 마찬가지였을 것이다. 어쩌면 그렇게 타고난 것. 아이 둘을 키우며 이것이 쉽지 않을 때가 많아 나는 요즘 더욱 '강박적'이다. 몇 시간이라도 내 시간이 생기면 나는 눈에 보이는 카페로 들어가서 책을 보거나 급한 원고를 쓴다. 시간이 조금 많으면 집 가까운 동네 독서실에 '일일 회원'을 끊고 있을 수 있는 시간만큼 머문다. 거기 중고생들이 싫어하는 것 같아 미안하지만! 감시하는 엄마 친구로 보는 것일까? 하하. 언젠가 딸이 학원에 가 있는 한 시간 동안 학원 앞 PC방에 원고를 쓰러 들어갔었는데 거기서 게임에 열중하고 있었던 중학생들이 나를 보았던 그 뜨악한 시선들, 그래서 PC방 직원한테 돈을 내면서 "어, 나 아이 잡으러 온 엄마 아닌데!"라고 큰 소리로 말해버렸다. 애들도 들으라고! ^^하하!

도토리를 주워 모으는 다람쥐처럼 수시로 주어지는 '짜투리' 시간들을 주워 모으려고, 이에 '대비하려고' 나의 가방은 늘 노트북과 책들로 가득하다. 어떨 때는 한 번도 꺼내서 사용할 시간도 없을지라도 나는 늘 갖고 다닌다. 늘 지나치게 무거운 가방을 들고 다니는 내 모습에 익숙한 남편은 밖에서 나를 만날 때면 가방부터 받으면서 하는 말.

"어이쿠, 쌀가마니 같네. 이걸 늘 들고 다니니…. 쌀가게에서 아르바이트나 해~." 참고로 그는 오랫동안 내 '강박증'의 가장 큰 피해자이지만 언제나 별말 없이 이를 참아준다.

자, 또 이쯤 되면 독자는 내가 대단한 학구열에 불타고, 엄청 '위대한' 공부를 하는 학자로 오인할 것 같아 덧붙이면, 내가 '나만의 시간' 동안 학문적인 공부만 하는 것은 아니며, 한 줄도 안 읽고, 안 쓰고, 그저 멍하니 앉아있기도 하고 그 순간 생각나는 오랫동안 만나지 못한 채 살아가는 친구들을 '커피를 노려보면서' 그리워하기도 한다. 잊을 수 없었던 「나라야마 부시꼬」 같은 영화의 한 장면 속, 그 눈 덮인 산 속에 들어가 있기도 하며, 대학시절 등산을 했던 어느 산의 바위를 떠올리기도 한다.

그냥 아주 잠깐이라도 혼자 있어야 하며, 뭔가 읽거나 써야 하는 것은 그저 나의 오래된 '존재 방식'이라는 점을 말하고 싶다.

옛날 신혼 때 우리 부부는 원룸에 살았는데 남편이 텔레비전을 보면 공부할 수가 없었으므로 동네 고시원을 끊었는데 가끔 깊은 잠이 들어 집에 늦게 와서 한바탕 부부싸움을 한 기억이 난다. 아기 엄마가 되어 이러한 삶의 방식, 존재 방식을 구가하기가 쉽지 않아 이렇게 '강박적으로' 사는 것이다. 혼자 있는 것을 좋아하는 것, 그것은 타고난 것 같다. 복잡한 쇼핑몰을 걸어가면서 나는 언젠가 가 본 지리산 산사 근처를 맴돌며, 학생 때도 머리가 너무 복잡하면 시골 외할머니댁으로 밤기차를 타고 내려가 그저 천정을 보고 계속 누워 있거나, 산책을 하다가 올라왔다. 조금 대담해졌을 때는 법주사 같은 대전 근처 정도의 절 근처의 여관에 묵고 밤새 천장을 보고 누워 있다가 새벽에는 산사를 산책하다 내려왔는데 내가 언젠가 묵었던 여관 주인은 혼자 왔느냐고 거듭 묻더니 나중에는 '필요한 것 없나?' 고 물으며 방으로 몇 번이나 확인 전화를 했다. 아마도 자살하러 온 여자로 생각했던 것은 아닐까? 끔찍하군, 나의 '생'에 대한 '강박증'을 뭐로 보고!!!

또한, 나는 '문자의 세계'를 좋아한다. 말과 소리로는 다 할 수 없는 의사소통이 문자의 세계에서는 조용하고 깊이 있는 방식으로 이루어진다는 느낌을 받고, 무엇보다 내 '영혼'에 편안하다. 기운 없을 때 나는 내 꼬부랑 글씨로 몇 글자를 써놓고 들여다보는 '자폐적 취미'까지 있을 정도이다.

그렇다면, 나의 '존재 방식'이 타인에게 피해를 주는 것은 아닐진대, 그저 취향일 뿐인데 '강박증'이라고 비난받는 것은 조금 억울하지 않은가. 나의 강박증은 조금만 '애정 어린' 시선으로 봐준다면 내 일이나 배움에 대한 열정과 성실함이며, 가장 단순하게 '취향'이라고 변호하고 싶다. 내 다른 친구는 똑같은 '나의 삶의 태도'와 '증상'을 보면서 이렇게 말한다. "으악. 이글거리는 열정! 피곤하게도 산다아!!" 우리는 서로를 알기에 한바탕 웃는다.

예상컨대 그녀가 말하는 강박증 증상은 앞으로 더욱 심해질 것이다. 왜? 하고 싶은 일과 읽고 싶은 책이 많고, 시간 없는 아줌마가 되면서 역설적으로 본격적으로 알아가는 '배움에의 기쁨'은 나를 더욱 강박적으로 만들 것이 확실하기 때문이다.

요즘은 나의 '강박증'을 학생들에게도 '전수'하기 위해 애쓴다. '복분자 음료'를 앞에 두고 조는 어느 학생을 보면서, 오후 강의 시간 학생들에게 말한다.

"여러분, 몸 너~무 생각하지 마세요. 박카스, 비타 오백도 닥치는 대로 마시고, 줄 커피도 마시고 밤새 책도 읽으면서 살고, 그러나 강의실에서는 각성하여 있으십시오." 그러면서 살짝 위협한다.

"이렇게 졸면서 살다간 지루한 30대와 40대가 여러분을 기다립니다. 하루하루 자기 에너지 다~아 쓰면서 사세요!!" 계속되는 나의 위협에 잠을 쫓으며 크게 떠보는 학생들의 예쁜 눈.

2009. 10.

사실과 사실을 감싸는 시선

언어학에서 문장은 문장의 명제 내용과 명제 내용에 관한 관점이나 태도를 나타내는 부분인 양태로 이루어져 있다고 본다. 즉 언어는 사실을 진술하기도 하지만 우리가 말을 하는 것은 명료하게 사실 전달이나 표현만을 하는 것이 아니라 그 사실을 바라보는 발화자의 태도나 관점과 가치관이 언제나 전달되는 것이다.

오랜만에 친구한테서 전화가 왔다.

"잘 지내니?"
"애 키우느라고 정신없지 뭐."
"애 네가 키우냐? 너희 어머니가 다 키우면서. 요즘은 아줌마도 쓰지?"

물론 사실이다. 나는 칠순이 다 되어가는 엄마에게 첫째 딸에 이어 둘째까지 부탁하는 '엄마 등골을 빼먹는' 못되고 이기적인 딸이며, 아이를 도우미 아주머니에게 주로 맡기면서 '같은 여성의 노동력을 착

취하면서 살아가고' '집안 살림도 축내고' '아이들도 방치하는' 여자이다. 그것은 앞으로 보나 뒤로 보나 명백한 '사실'이다. 나의 친구는 오랜만에 한 안부 전화에서 그 점을 정확하게 지적하고 있다.

그러나 일을 하여 아이를 돌보는 시간이 전업 주부와 비교하면 많지 않고 누군가의 도움으로 살아가더라도 아이를 낳은 '업보'이자 '축복'으로 엄마가 된 이상 나의 가슴은 '말 없는' 눈물과 한숨으로 가득 찰 때가 많다는 것을….

또한, 우리의 일상이 '눈을 부릅뜨고' 선명하게 모든 것을 알면서 살아가면 한층 답답하고 힘이 들어 가끔 '소주 한 잔 정도' 먹고 '보여도 못 본 척' 살고 싶은 마음이 드는 것처럼, 우리가 타인과 말을 할 때도 소위 '정확한 말' '바른말'만 해서는 그 사람과의 관계를 오랫동안 지속할 수 있을까? 이것은 마음에 안 내켜도 상대방 듣기 좋은 소리만 골라 하고 아첨하라는 말이 아니다. 이런 것은 이해관계가 얽힌 위선적인 관계일 것이다.

확신컨대 우리 교회 사모님께서는 다음과 같이 말했으리라.

"그래, 애가 둘이라 힘들지? 그래도 도와주시는 분 있으니까 얼마나 감사하니?"

나는 우리가 타인에게 해서는 안 될 여러 가지 중에 한 가지가 그가 가진 삶의 에너지를 빼앗는 것이라고 생각한다.

나만 유독 예민한 건지 모르겠지만, '사실'을 정확하게 지적했던 친구의 말은 대화를 지속하고 싶은 마음을 닫게 한다. 그리고 안 그래도 늘 시달리는 죄책감의 구렁텅이로 나를 몰아넣고 자신을 책망하게 한다. 한마디로 내 삶의 에너지를 빼앗는다.

나는 우리가 타인에게 해야 할 여러 가지 중에 한 가지가 '삶을 북돋우는 언어' '축복의 언어'를 나누는 것이라고 믿는다.

물론 말만 번지르하게 하는 사람, 행동이 전혀 뒤따르지 않는 사람도 많다. 반면에, 마음은 아주 따뜻하고 좋은 사람인데 말을 '차갑게' 하는 사람도 많다. 내 친구도 참으로 따뜻하고 담백한 마음을 지닌 사람이다. 그러나 그녀는 가끔 냉소적인 언어를 내뱉기 때문에 늘 나를 위축되게 만들었다. 그녀의 언어는 그녀의 마음을 닮지 않았거나 잘 표현하지 못한다. 그래서 상처 입은 나는 어느 순간부터 그녀의 마음마저 의심하는 죄를 짓게 되었다.

우리가 타인과 만나는 것은 주로 함께 하는 대화를 통해서이다. 그 대화에서 자신의 마음이 잘 전달되도록 사실을 말하는 자신의 언어를 따뜻하게 감싸서 '포장'할 필요가 있다. 그리고 무엇보다 상대방이 이 세상에서 좀 더 힘이 나서 살아가도록 '축복'해 줄 의무가 있는 것이다.

2010. 7.

독후감 쓰는 뇌

어렸을 때 초등학교에서는 늘 독후감을 쓰게 했다. 책을 좋아했던 나에게 독후감 쓰기는 한마디로 '누워서 떡 먹기'였다. 어린 내가 간파한 독후감 쓰기 방법은 너무나 간단한 것이었다.

1. 줄거리를 쓴다.
2. 느낀 점을 세 가지 쓴다. 첫째 나는 이 책을 읽고, 둘째…, 셋째….
3. 전체적으로 이 책이 내 생활에 주었던 느낌, 그로 인한 내 마음의 변화 및 계획을 한 두 줄로 요약한다. 예를 들어 나도 헬렌켈러처럼 용기를 잃지 말고 살아야겠다…. 끝!

요즘의 화려한 '사교육'과 '훈련' 많이 받은 학생들에게 이러한 독후감은 안 통할지 몰라도, 그 당시에 나의 독후감은 늘 성공이었다. 늘 나는 '다독왕'과 '독서 감상문' 대회에서 상을 휩쓸었다. 이 이야기를 떠올리는 것은 초등학교 시절의 '영광!'을 독자에게 자랑하려는 데 목적이 있는 것이 아니다. 독후감을 늘 쓰던 그 시절이 성인이 되어서도 적지 않은 영향을 끼친다는 점을 말하고 싶은 것이다. 어른이 되어서도 나는 늘 독후감 쓸 때처럼, 무언가를 보거나 읽을 때, 들을 때 '느낀 점'을 찾는다. '교훈' 또는 나에게의 '의미'를 찾는 뿌리 깊은 습관이 생긴 것이다.

예를 들어 피카소의 그림은 나에게 언어를 넘어선 감동으로 만났으나 그 이후에 읽어 본 피카소의 생애사에서 나는 또 교훈과 의미를 찾아내었다. 그것은 한마디로 '파격과 정격'이란 교훈이다. 어린 시절부터 피카소는 그림에 천재적인 소질을 나타내었다고 한다. 소년 시절 그의 그림들은 '정격' 교과서에 가까운 뛰어난 데생 실력을 보여주고 있다. 정격을 제대로 익힌 천재 화가 피카소는 그 이후의 삶에서 우리가 아는 것처럼 청색 시절과 장미 시절을 거쳐 큐비즘의 화가로 변모한다. 즉, 창조적인 '파격'의 세계로 끊임없이 진화한다. 대학시절 은사님께서 글을 잘 쓰려면 맞춤법과 띄어쓰기부터 연습하는 마음으로 시작해야 한다는 것도 같은 이야기일 것이다.

이번 학기에 나는 '프랑스 미술의 아름다움'이란 강의를 맡게 되었다. 프랑스어 텍스트를 강독하면서 프랑스 미술사의 주요 화가와 작품을 가르치게 되었다. 미술을 좋아하나, 본격적으로 미술 공부를 한 경험은 없어서 강의 준비를 많이 해야 한다. 따라서 시대 별, 주제 별로 서양 미술사 책을 많이 읽게 되었다. 여기서도 나는 화가들의 그림에 관한 해설 뿐만 아니라 생애사를 읽게 되었고 늘 독후감 쓰던 나의 '뇌'는 또 '교훈'과 '의미'를 찾는다. 학생들에게도 은근 슬쩍 강의 시간에 전달하려 애쓴다. 왜? 그림만큼 삶도 감동적이니까! 어떻게 전달하지 않을 수 있단 말인가.

예를 들어 이런 식이다.

"여러분! 이 그림을 그린 끌로드 로랭은 12살 때 부모님을 잃고 제빵 기술자가 되어 13살 때부터 이탈리아 화가의 집에서 하인으로 살았습니다. 화가 집에서 일하다 보니 화가의 잔심부름도 하게 되었고, 화가의 물감을 개는 작업을 도우다가 그림에 관심을 갖게 되었고 어느 날 그의 습작을 본 주인이 감동을 받아 본격적으로 그에게 그림을 가르쳤습니다. 멋지지 않아요? 삶의 예측할 수 없는 아름다움!"

"여러분! 이 그림을 그린 사실주의의 거장 쿠르베는 1855년 살롱전에 출품이 거절당하자, 살롱전이 열렸던 바로 앞에다 자비를 들여 자신의 작품 전시회를 독자적으로 열었습니다. 고집 대단하죠?

"여러분! 이 그림을 그린 르느와르는 나중에 80이 되어서 관절염 때문에 붓을 들 수 없게 되자 팔에 각목을 대서 묶어서 떨리는 손으로 그림을 그렸답니다. 여러분 손 떨리는 사람 없죠? 르느와르 할아버지의 열정 좀 배우면 어떨까요?"

이번 학기 '프랑스 미술의 아름다움'의 강의는 '프랑스 화가들의 생애사'와 혼합되어 버리고 말았다. 아마도 초등학교 때의 독후감 쓰기는 나의 인식 유형에 크나큰 영향을 끼쳤나 보다! 학생들은 언제나

'의미를 강요하는' 나 같은 선생이 지겨울 것이다. Pardon 파흐동! 파흐동! Mais je t'aime. Je vous aime.

2010. 10.

서울과 N시 사이

내 나이 마흔 직전. 생활 기반은 언제나 서울. 그러나 이 도시는 아이들의 '교육' 문제 말고는 나를 붙잡는 게 하나도 없다. 한참 일 할 나이, 앞으로 20년간 나의 지상 과제인 아이들을 키우는 일에 '한치의 의심' 도 없이 매일매일 열심히 살아야 한다. 그러나 이것은 머릿속에 억지로 주입하는 다짐일 뿐 마음에서는 이 도시를 거닐면서 뿌리내리지 못하거나 뿌리내리고 싶지 않은 마음이 늘 들끓는다. 이 증상은 점점 심해지고 있어 요즘 내 자신이 두렵다. '모든 것은 마음먹기 나름, 행복은 마음속에' 류의 세상 목소리들이 있지만, 이러한 말에 해당하는 '급' 에 속하는 분들은 많지 않은 것 같다. 공간이 우리와 우리 삶의 방식을 이끄는 것 같은 생각이 들 때가 많기 때문이다.

나는 중 · 고등학교 때 방학이면 칫솔만 챙겨 서울역서 기차를 타고 남쪽의 외가가 있는 N시에 가곤했다. 엄마는 유별나고 고집센 막내딸 때문에 화를 내면서도 결국 외할머니와 단둘이 쉬다 올 것을 알기에 안심을 하곤 했다. 아줌마로 씩씩하게 사는 요즘, 하루에도 열두 번씩 90살이 된 고목 같은 외할머니와 N시를 생각하지만, 도저히 시간을 낼 수 없어 한숨만 쉬고 있다.

일 잘하는 사내

| 박경리 |

다시 태어나면
무엇이 되고 싶은가
젊은 눈망울들
나를 바라보며 물었다

다시 태어나면
일 잘하는 사내를 만나
깊고 깊은 산골에서
농사짓고 살고 싶다
내 대답

돌아가는 길에
그들은 울었다고 전해 들었다
왜 울었을까

홀로 살다 홀로 남은
팔십 노구의 외로운 처지
그것이 안쓰러워 울었을까

저마다 맺힌 한이 있어 울었을까
아니야 아니야 그렇지 않을 거야
누구나 본질을 향한 회귀본능
누구나 순리에 대한 그리움
그것 때문에 울었을 거야

이 시를 읽고 나도 울었다. 결혼 한지 4년 만에 6. 25전쟁 때 남편을 여의시고 평생 홀로 지내신 박경리 선생님 인생을 어렴풋이나마 알고 있었기 때문에 나 또한 그분의 고독을 연민하여 울었을까. 그러나 선생님의 말씀대로 그것만은 아닐 것이다.

서울에 늘 살아왔고, 살면서도 나도 모르게 늘 그리워하는 시골 외가 N시를 향하는 마음, 그것으로 선생의 마음과 공감한 것이 아닐까.

나는 흙을 아는 세대가 아니다. 몸을 움직이기 싫어하는 천성의 게으름도 쉽게 바뀔 거 같지 않으니, 아이들이 내 곁을 떠난 후, 먼 훗날 N시에 정착하더라도 소로우나 스코트 니어링, 박경리 선생님을 흉내내며 농사를 짓지는 못할 것이다. 그러나 N시의 작은 집, 나에게는 세상의 헛된 욕망과 관계들에서 좀 더 자유로울 수 있는, 건강한 고독의 시간과 공간이 있을 터이다. 나는 환경의 영향에 따라 이리저리 흔들리는 나약한 인간이니, N시의 시간과 공간은 나를 한없이 걷게 하고, 읽게 하고, 생각하게 하고, 생각을 멈추게 할 것이다. 나는 현재 여기, 이곳에 있으나, 한순간도 N시를 잊지 못한다. 그러나 이 그리움은 서울에서의 나의 삶을 뿌리 내리지 못하게 방해하는 것이 아니다. 오히려 이곳의 삶이 목마르지 않도록 적셔주는 8월의 시원한 계곡물, 그 깊은 수원水源.

2009. 5.

피카소, 그림 혹은 예술과의 만남

대학교 1학년 때 미국으로 배낭여행을 간적이 있다. 스무 살 삶의 생기와 기쁨. 입시 터널에서 나와서 자유롭고 충만했던 여행. 어느 날 우리 일행은 '시카고'에 들리게 되었다. 시카고의 미술관에는 유럽에서 수집해 온 근대 미술의 세계적인 명화들이 많이 소장되어 있다고 해서 그림에 관심은 별로 없었지만 '교양 공부' 겸 우리는 박물관에 들어가게 되었다. 안내 책자도 제대로 읽지 않고 순서 없이 오르락 내리락 뛰어다니며 박물관의 그림들을 '가볍게' 구경하던 중 나는 어두운 벽면에 걸려있던 어떤 그림을 보게 되었다.

그리고 그 순간 나는 '눈물이 폭발하는 듯한' 감동에 사로잡히면서, 내 생애 처음으로 그림과 만났다. 처음엔 그 그림을 그린 사람이 누군지도 몰랐다. 그저 가슴 속에 눈물이 폭발하는 느낌, 내가 겪을 혹은 인류가 필연적으로 겪을 미래의 슬픔까지 공감되었던 그림. 신체적으로 거칠게 표현해보자면 '머리 정수리 위 뚜껑이 열리고' '백회혈로 시원한 바람이 들어오는 느낌'과 유사하다고 할까. 시공간이 잠시 정지되는 무언가와의 만남이었다. 나는 처음 겪어보는 느낌에 당황

피카소의 'The old guitarist'

하며, 가까이 가서 그린 사람과 제목을 보았다. 피카소Picasso라고 써 있었다. 나는 잡지에서 보았던 큐비즘 계열의 그림들, 신체가 확장되고 비틀어진 추상화 만을 본 기억이 있었으므로 순간 무식하게도 다른 '피카소'인가 했다! 여행 이후 찾아본 책에서 나는 그 그림이 피카소가 가장 힘들고 외로웠던 파리 생활 시절, '청색시대'라고 불리는 시절에 그렸던 것이라는 것을 알게 되었다.

미술 학원 한 번 안 다녀보고, 미술에 관한 책 한 권 읽어본 적도 없었던 내가 그림을 보면서 그런 '가슴이 철렁할 정도'의 감동을 받 수 있을 거라고는 한 번도 생각해본 적도, 기대해 본 적도 없었다.

이런 강렬한 경험 이후 미술은 나에게 문학작품처럼 삶의 위로와 감동을 주는 예술 장르가 되었다. 언젠가 내 딸도 이런 그림과 감동적인 만남을 체험하기를 소망한다. 「쇼생크 탈출」이란 영화에서 감옥 안에 울려 퍼지는 음악 한줄기가 죄수들에게 몇 초나마 구원의 순간을 선물하는 것처럼, 작가의 영혼이 투사된 모든 예술은 생활의 편리를 위한다며 우리의 외적 내적 공간을 잠식해나가는 '위대한 디지털 기기'들이 줄 수 없는 다른 차원의 열림과 감동을 선사할 것이다.

이 순간 갑자기 모 전자 회사의 '기술이 너희를 구원하리라'라는 광고 카피가 떠오르는군. 오호통재라. 아흐 동동다리. 나는 이상한 소리를 내며 신음하기 시작한다.

2008. 10.

기능성 가구, 이퀼리브리엄

「이퀼리브리엄」equilibrium이란 영화가 있다. 영화의 배경은 인간의 모든 감정이 통제되는 미래의 어느 도시이다. 이 도시에서 국민들은 감정을 억제하는 프로지움이라는 약물을 투약 받아 늘 평정심을 유지하고 기능위주로 안전하게 통제되는 사회를 유지해나간다. 그러나 이 세계에는 '정부 정책에 반대하여 약을 거부하고 감정을 느끼게 된 자들'이 있는데 이 영화의 주인공인 크리스찬 베일은 이러한 반란자들을 색출하는 군인이다. 이 주인공이 단 한 번 약 복용을 하지 않아 감정에 눈을 뜨는 순간이 발생하게 된다. 그때 반란군인 어떤 여인의 집을 수색하면서 주인공은 이 도시의 법에서는 허락되지 않는 '감정을 불러일으키는' 예술품들, 물건들과 가구들이 숨겨진 공간을 발견하게 된다. 그 순간 카메라에 잡힌 공간의 모습이 이 영화에서 가장 인상적인 장면 중의 하나이다.

반란군 여자가 숨겨놓은 공간에는 엔틱 스타일의 조그만 테이블과 의자가 있었고, 그 위에는 마른 장미꽃들과 액자 같은 자질구레한 물건들이 놓여 있었다. 그때까지 등장한 화면의 모든 공간은 기능만 살아있는 세균 없는 병원 같은 회색 스틸의 공간들이었다. 감정이 살아

있는 여인이 숨겨놓은 공간은 먼지 하나 없이 잘 정리된 공간이 아닌 추억과 감성이 있는 공간, 의식주에는 반드시 필요 없으나 우리 마음을 행복하게 해주는 자질구레한 오브제들로 채워진 곳이었다.

다소 '비현실적'이고 무척 '비실용적인' 생각들만 가지고 사는 나 또한 지나치게 모던한 가구나 기능적인 가구들로 채워진 공간을 별로 안 좋아한다. 내가 가진 기능적이지 않은 가구들은 살림에는 불편한 것들이 많다. 예를 들어 서랍장은 서랍이 깊지 않아 수납이 잘 안 되고, 의자는 딱딱해서 엉덩이가 아프고, CD장은 겉에서 안 보여서 음악 한번 들으려고 하면 서랍을 여러 번 열어서 꺼내야 한다.

엔틱은 아니고, 첫 집을 장만할 때, 이태원이나 터미널 거리를 걷다가 우연히 발견한 것들이다. 살림이 어려워져 한번 팔아볼까 하다가 중고 엔틱을 중계하는 회사에서 검사받고 돈으로는 아무런 값어치가 없다는 것을 알게 되었다.

비싼 값어치가 있는 것들은 아니지만 나는 영감과 추억을 일으키는 가구들을 사랑하며 언젠가 성인이 되어 각자 자신의 가정을 꾸밀 내 아이들에게 주고 싶다. 그런 가구 중 하나가 이 식탁이다. 이 식탁과 의자는 목공소에서 만들었고 식탁 상판에 홈을 내서 그림을 그린 타일들로 장식한 것이다. 이것은 우리가 첫 집을 장만했을 때, 세라워크를 하는 N 언니가 직접 타일에다 그려준 것이다. 아이들이 다양한 밝은 색을 볼 수 있도록 예쁜 꽃무늬를 주로 그렸다.

이 식탁에는 세를 들어 살다가 첫 집을 장만한 우리 가족을 축하하고 행복을 기원하는 언니의 따뜻한 마음과 솜씨가 담겨 있다. N 언니는 너무나 따뜻한 사람으로 함께 있으면 주변 사람들까지 화롯불 근처에 있는 것처럼 마음이 훈훈해진다. 이 식탁은 의자가 너무 딱딱해서 오래 앉아있으면 엉덩이가 아프다. 그러나 이 식탁의 타일들을 보고 있으면 첫 집을 장만하였을 때의 큰 기쁨과 N 언니의 우정이 연상되기 때문에 나는 이 식탁을 좋아한다. 이제 말을 배우기 시작하는 둘째는 밥을 먹으면서 침을 튀기면서 손가락으로 타일들의 꽃들을 가리키며 '파랑' '빨강'을 외치곤 한다. 그러니 이 식탁은 점점 나와 아이들의 행복한 추억을 많이 간직하게 된 오브제가 되어갈 것이다.

살림을 '날림'으로 하고, 부엌에만 들어오면 '머리가 지끈지끈' 아파오는 가짜 주부인 나는 접시와 컵들이 보이는 게 너무 싫어서 찬장 유리를 모두 그림엽서로 안 보이게 막아놓았다.

또한, 보통 장식장을 두는 부엌 옆의 남는 벽면마다 책꽂이를 짜넣어서, 결과적으로 내 서재 겸 부엌으로 만들어 버렸다.

아이가 울면 집의 중앙에 있는 부엌에서 '공부'를 하다가 뛰어간다는 그럴듯한 '핑계'를 대었지만, 실상은 그냥 간단하게 '부엌'이 주는 '살림의 중압감'에서 벗어나고자 내 나름대로 부엌의 공간적 기능을 막 섞어놓은 것이다. 그 다음부터는 물 마시러 가도 왠지 마음이 즐거웠지롱!

남자들보다 여자들은 집에 오랜 시간 머물기 때문에 집에 있는 가구들이나

공간의 분위기를 자신의 취향대로 만들게 되는 것 같다. 갑자기 「타인의 취향」Le Goût des autres이라는 프랑스 영화에서 집안을 온통 꽃무늬로 장식해서 남편을 머리 아프게 했던 부인의 취향은 좀 문제가 있다는 생각이 들지만, 나는 앞으로 이사를 하여도 이와 비슷한 방식으로 공간을 꾸밀 것 같다. 인테리어 여성지에 자주 등장하는 '동선을 최대로 짧게 하는 가구 배치법' '작은 공간 제대로 활용하는 수납법'은 나의 관심사가 아니다. 나의 관심사는 '살림에 파묻히지 않도록 도와주는 가구' '책을 읽고 싶게 하는 아이들 방 꾸미기' '웃게 하는 소품들' 뭐 이런 것들.

결국, 아이들과 엄마의 영감과 추억이 가득한 공간 창조. 바쁜 아이들 아빠를 위해서는 '내 집 같은 분위기, 즐거운 하숙집 제공'이 목표! 하하.

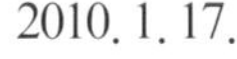

2010. 1. 17.

전자책, 아날로그적인 삶과 두려움

9시 뉴스에서 전자책이 곧 일반화되기 시작할 것이라는 뉴스가 나왔다.

안 그래도 딸에게 완전 구닥다리 모형인 내 핸드폰 때문에 구박을 받은 직후였다. 일곱 살 딸은 한숨을 쉬더니 "근데 엄마는 터치폰으로 핸드폰 못 바꾸겠다. 엄마는 터치 못하지?"

나는 '터치 못하는 사람도 있냐?'라고 소리지르려다가 참았다. 두 살이 된 아들조차 내 핸드폰에는 관심이 없고, 아빠의 화려한 터치폰만 가지고 놀려고 하는 게 떠올랐고, 나는 동 세대 사람들과 비교해서도 화려한 디지털 세상과는 너무 뒤떨어진 사람이라는 것을 알기 때문이었다.

그래도 9시 뉴스에서 전자책에 관한 이야기가 나왔을 때 나는 "전자책이 인기가 있을까? 난 전자책으로는 안 읽을 것 같은데"라고 볼멘소리로 말했다. 남편은 깜짝 놀라며 내게 현실을 일깨우기 시작했다. 요지는 내가 숭상하는 책이 공해 덩어리란다. 책을 만드는 데 쓰이는 필름지는 만년이 지나도 썩지 않기 때문에 모든 책이 전자책으로 바뀌는 것은 시대적인 대세라는 말도 덧붙였다. 시대의 흐름과는 언제나 별 상관없는 나는 또 항변한다. 근데 신문이나 실용서들 말고 책을 진짜 좋아하고 많이 읽는 사람이 그런 전자책을 좋아할까? 그리고 매체가 우리를 길들이는 '감수성'이란 것도 있는데, 전자책은 점점 우리를 책읽기가 주는 풍요로움에서 멀어지게 하지 않겠는가하면서 투덜투덜 대었다.

그러나 '귀가 얇은' 나는 또 '쪼그라들어' 미래가 두려워진다. 강단에서 학생들에게 가르쳐줄 것도 없을 것 같고, 내가 좋아하는 모든 삶의 방식들과 취향들은 타인과 소통될 수도 없을 것 같고, 현 세대에 비하면 극 아날로그인 내 삶의 형식이, '경쟁력이 없어' 선생으로나 엄마로나 쓸모없어질 것 같고…. 결국 은둔의 길을 택해야! 흑.

오지도 않은 미래 일을 미리 걱정하며 상상력을 뻗쳐 수심에 가득 차 있는 이런 '나'에 익숙한 남편은 "걱정마. 크리에이터는 유통 경로나 매체를 걱정할 필요가 없어. 그냥 콘텐츠를 생산하면 되는 거지." 참고로 그는 살림과 육아는 딴전이고 늘 책을 읽고 끄적거리니 나를 '정 작가'로 부르며 놀리곤 하였는데 오늘은 급기야 '크리에이터' 계열로 승진시키다니!

그러나 그의 말은 별로 위로가 안 되었다. 그냥 나는 왜 그렇게 아날로그적일까, 영상세대, 디지털 세대의 아이들에게 앞으로 선생 노릇을 할 수 있을까 하는 두려움만 계속 밀려왔다. 갑자기 뜬금없이 며칠 전 밖에 나갔다가 급한 원고를 보내느라 들렀던 PC방에서 지하 어두컴컴한 곳, 소리를 지르면서 각자 게임을 하고 있던 중고등학교 학생들의 모습이 떠올랐다. 어린 시설부터 각종 첨단 장비와 기기류에 익숙한 환경에서 자란 그 애들이 여가를 즐기는 방식은 너무나 이상하지 않은가. 시대에 한참 뒤떨어졌다고 비판받을지라도 해야 하는 이 한마디, 디지털 세대가 택하는 즐거움과 몰입의 방식은 나에게는 '지옥의 풍경'을 닮았다는 사실.

이사야나 예레미아같은 예언자로까지 추앙되는 프랑스의 신학자 자끄 엘륄1912-1994은 앞으로 다가오는 기술 사회에 대해 언급하면서 미래의 사회는 '인간의 기계화와 기계의 인간화'의 양상으로 전개될 것이라고 경고하였다. 지하철에서 쉬지 않고 스마트 폰을 눌러대고, PC방에서 괴성을 지르면서 게임을 즐기는 청소년들보다, 친절한 목소리로 길 안내를 해주는 네비게이션이 차라리 좀 더 인간적이며 소통 가능한 대상처럼 느껴진다. 아, 앞으로도 나는 느릿느릿, 아날로그 방식으로 살 수밖에 없을 듯하다. 갑자기 그래도 1970년대에 태어난 게 감사해지는군. 좀 더 이후의 시절에 태어났었다면 '시대와의 부조화'를 어떻게 감당했을까.

2009. 6.

외국어 공부 – '열망'과 '동기' 사이

가끔씩 강의 준비에 대한 아이디어를 얻기 위해, 프랑스의 바깔로레아 철학이나 문학 시험 참고서를 뒤적거린다. 오늘은 무심코 철학 논술 문제들을 가볍게 읽던 중 폭소를 터뜨리고 말았다. 주제는 'le désir', 우리말로 '욕망, 열망' 정도로 번역하면 될까. 내가 오늘 본 참고서는 바깔로레아를 준비하는 프랑스의 고등학생들에게 이런 논술 문제를 제시하고 있었다.

그녀는 내 친구의 아내처럼 아름다웠다.
※ 위 글을 읽고 '욕망'의 속성에 대해 논술하시오.

이미 수능 준비하는 한국의 고등학생들이 무슨 주제가 나오면 '김춘수의 꽃'을 인용하고, 똘레랑스 이야기가 나오면 '드레퓌스 사건'을, 문화 상대주의에 관한 이야기가 나오면 '보신탕'을 꺼내들 수 있듯이, 프랑스 고등학생들도 중요한 주제 별로 글쓰기에 인용할 수 있는 관련된 배경 지식의 목록들을 가지고 있을 것이다. '욕망'이란 주제가 나오면 아마도 르네 지라르의 욕망이론을 그럴싸하게 끌어들이고 결핍이 있어야 작동하는 욕망의 매커니즘 등 에 대해서 거의 반자동적으로A4 한 장을 논술할 수 있도록 글쓰기 훈련을 거쳤을지 모른다.

그래도 이 글을 읽었을 때 나는 새삼스레 자신이 이미 소유한 것에는 만족을 느끼지 못하고 '판타지'를 발동시키며 끊임없이 새로운 욕망을 만들어가는 우리의 본성이 위 짧은 문장에서도 이렇게 드러나다니 씁쓸하기도 하였다. '그녀는 아름답다', 마치 가질 수 없기에 더 아름다운 내 친구의 아내처럼 말이다^^. 인간이 그러한 걸 어쩌랴.

외국어 교육 분야에서는 '욕망/열망le désir'이란 말을 거의 사용하지 않는다. 대신에 학습자의 '동기la motivation'라는 용어를 즐겨 쓴다. 그런데 따지고 보면 '동기la motivation'라는 어휘 사용 자체가 영어나 프랑스어, 독일어, 중국어와 일본어와 같은 외국어 교육계를 지배하고 있는 담론들 밑에 전제된 어떤 이데올로기, 가치 평가를 함축하고 있는 말이다. '학습자에게 학습 동기를 끌어내야 한다' '동기를 유발시키는 학습 활동들' 등 외국어 교수법 이론서나 교재 등에 자주 사용되는 '동기'라는 어휘 선택 자체가 외국어를 배우는 과정에서 자연스럽게 발생하는 학습자와 새로운 언어사이의 풍요로운 만남의 과정들을 과소평가하는 배경을 깔고 있지 않은가 하는 의심을 불러일으키기 때문이다. 외부적인 어떤 동기 유발 요인 교수자, 교재, 외국어 자격증 시험 등에 따라서 학습자의 마음에 특정 외국어를 공부할 마음과 의지가 강해진다는 사실은 아마 맞을지 모른다. 그러나 마치 '물질적으로 유복하게 살려는 동기'가 대한민국의 미혼 남녀들에게 '자신이 인생을 함께 할 배우자에게 갖는 진정한 열망이 무엇인가' 라는 것을 진지하게 점검하는 중요한 과정을 생략시키고 세상의 눈으로 볼 때 스펙 좋은 배우자만을 찾게 하듯이, 오늘날 외국어 교육 분야에서 말하는 '학습 동기'라는 용어를 협소하게 이해할 때, 우리는 새로운 언어를 배운다는 것이 무엇보다도 '기쁨'이며 나란 존재를 근본적으로 변화시킬지 모르는 매우 흥미로운 '여행'의 시작임을 간과하게 된다.

외국어를 가르치는 사람으로서 나는 단시간 내에 공인 자격증을 취득하고 강의 학점을 잘 받기 위해 '동기 유발된' 공부는 해당 외국어를 향해서 주체의 내면에서 자연스럽게 생성된 '열망'으로 움직여지는 공부가 가진 '힘'과 '성취도'를 장기적인 관점에서는 결코 따라갈 수 없다는 신념을 갖고 있다. 사랑이든, 취미든, 어떤 물건이든 내가 열망하는 대상이 생길 때 우리 존재 저 뜨거운 밑바탕에서 겪게 되는 도취와 몰입을 우리는 어렴풋이나마 알지 않는가. 육체의 피로함을 잊게 하고, 일상의 단조로움을 마법의 시간으로 펼쳐놓으며, 만족을 모르고 더욱 더 원하게 되는 그런 상태, 열망의 상태.

사실 내가 외국어 공부를 이야기하면서 '동기'와 '열망'이란 어휘 사용을 놓고 꼬투리 잡는 이유는 우리 사회가 너무나 외국어 학습을 '스펙 쌓기'의 일부로 전락시켰기 때문이다. '경쟁력'과 '효율성'을 최우선으로 삼는 한국 사회 분위기 속에서, 외국어 학습은 본질적으로 외국어와 모국어를 비교해보면서 사유의 능력을 확장하고 해당 외국어가 쓰이는 문화에 대해서 새롭게 열리면서 스스로 더욱 풍요롭고 '다름'에 관대한 존재로 서서히 변화해가는 과정이라는 주장이 설득력을 갖기가 어렵다. 외국어 배우기는 자격증 획득으로 종결되어야 하며, '자기 소개하기, 길 찾기, 감사 또는 유감 표현하기, 초대 수락하기' 등 과 같이 일상 의사소통 생활의 문제 해결 능력을 키우는 과정처럼 인식된다. 그러나 세상에 드러나지 않은 '외국어의 진짜 고수들'의 공통점은 그들이 그 외국어를 진심으로 '열망하고 사랑한' 자들이라는 점이다. 특히 모국어와 다른 외국어의 '소리'들을 아름다운 음악처럼 사랑한 자들이다. 그들은 자신의 모국어에서 '만족할 수 없었던' 결핍된 어떤 부분을 외국어의 소리들이 채워줄 수 있음을 온몸의 감각으로 경험한 자들이다.

자, 어떤 외국어를 잘해서 폼 난 스펙을 갖추고 싶나요? 그렇다면 외국어 자격증 시험을 준비하더라도 '짬짬이' 꼭 그 언어로 된 노래를 듣고 시나 소설을 낭독해보고, 그 외국어를 모국어로 가진 예쁜 배우의 인터뷰를 보면서 그 언어와 먼저 사랑에 빠져야 한답니다. 그게 멀리… 오래…가요. 그렇게 외국어를 좋아하게 된다면 당신은 이제 이전보다 멋진 사람으로 변화하게 될걸요. 새로운 소리와 문화는 내 안의 어떤 것을 반드시 건드리기 때문이지요!

2013. 4. 24.

대화의 흐름

나는 누군가를 알게 되고 그 사람과 일단 대화가 시작되면 대화가 계속된다고 생각한다. 심지어 만날 수 없는 지인들과도 교류하며 대화한다.

내가 유일하게 남들보다 나은 것은 '기억력'. 좀 더 정확히 말하면 '대화 기억력'이다. 어린 시절부터 발달한 이 '능력' 때문에 다른 사람들과 오랫동안 만나지 못하다가 다시 대화의 끈을 시작할 때 상대방이 '소름끼쳐' 할 정도로 당황할 때가 많다. 너무 오랜만에 만났는데 사적이고 내밀한 이야기를 물어보기 때문이다.

그러나 나의 입장에서는 '지난번에 했던 대화를 다시 이어붙치는 건데' 지난 몇 년 전에 그 얘기를 심각하게 하면서 고민을 서로 나누다가, 그리고 헤어진 채 살다가, 다시 만나서 그 못다 한 이야기를 다시 하는 것인데 상대방 친구는 그것을 잊었는지, '사생활 침해를 당한 표정으로' 그 주제를 회피하며 '요즘 어떻게 지내니?' 라고 하면서 일상적인 안부를 묻는다. 그러나 나에게는 지금 1년 만에 만나는 이 친구와 했던 대화가 어제 했던 것처럼 전부 통째로 기억나기 때문이다. 그러니 비슷한 주제로 대화가 이어지는 것은 당연하지 않은가. 나에게

'대화'라는 것은 이러한 것이다.

1) 대화의 끈은 끊어지는 게 아니다.

내가 참여하는 독서 모임이 있는데 보통 2시간 정도 모여서 이야기 한다. 그런데 한번은 모임을 끝나고 돌아왔는데 잠이 오지 않는 것이다. 침대에 누워서 천장을 보면서 잠을 청하면서도 내 머리 속에서는 쩌렁쩌렁 못다한 대화가 진행되고 있었다. 참다못해 쏟아지는 말들을 계속하기 위해서 나는 새벽 네 시에 인터넷을 켜고 이메일을 썼다.

"그런데 아까 그렇게 말씀하신 것은, 이런 의미인가요? 제가 생각하기에는…."

2) 대화는 시공간을 초월해서 진행된다.

대화는 시공간적으로 같이 있어야만 이루어지는 것은 아니다. 오히려 시공간적으로 같이 있는 일상에서 자주 보는 사람들과 우리는 어쩌면 가장 의미 없는 '필요'를 주고 받는 기계적인 대화만을 반복하고 있는지 모른다.

예를 들어 책을 읽는다는 것은 당연히 필자와 깊은 대화를 주고받는 것이다. 나는 필자의 사람됨, 필자만의 목소리가 느껴지지 않는 글을 좋아하지 않는다. 왜? 가장 단순하게도 대화가 되지를 않으니까. 무표정의 사람과, 억양과 목소리, 속도도 일정한 사람과 지루해서 어떻게 이야기를 오래할 수 있단 말인가. 필요한 지식을 찾으려고 참조하는 사전류가 아닌 즐거움을 위해서 읽는 책에서는 그 글을 쓴 사람과 만나야 하니까.

내 박사 논문에 많은 영향을 준 바흐친과도 나는 논문을 쓰면서 책을 읽으면서 간단하게나마 일대기를 읽으면서 대화하였다.

논문을 쓰다가 나는 이미 1970년대에 죽은 바흐친에게 가끔씩 말을 걸어 봤다.

"어휴…답답하지 않았어요? 한 쪽 다리도 못쓰고…." 젊은시절 바흐친은 골수염에 걸려 한쪽 다리를 결국 절단하였기때문이다.

기껏 써 놓은 몇 장의 원고를 컴퓨터에서 날렸을 때,

"그래도 당신보다 내가 낫지, 난 몇 장 뿐인데 당신은 담배 종이가 없어서 유일한 원고 원본을 담배 종이로 말아 쓰면서 결국 다 없앴다며?나같으면 화병 났어요!"

논문을 다 쓰고 나는 바흐친에게 반성문을 읽듯이 쓰윽 한마디 건넸다.

"진짜 미안해요. 난 당신의 그 출처 복잡한 거 다 못 읽고 그저 내가 생각한 대로 썼는데 내 맘대로 오해하고 쓴 거 아닌지 몰라…."

기독교인인 내가 가장 많이 말거는 대상은 물론 '하나님' 이다. 나는 일이 안 풀리거나 절망적일 때 딱 한마디 한다.

"하나님 당신께 실망했어요."

지독하게 힘들었던 여름, 나는 필립 얀시의 『하나님 당신께 실망했습니다』를 늘 옆에 끼고 읽으면서, 가끔 하늘을 노려보고 어떨 때는 눈물이 가득 고인 채로 속으로 말했다 '하나님, 당신은 참 잔인한 거 같아요. 당신께 실망했어요!'

요즘은 나의 어린애 같은 대화가 슬그머니 미안해져서 과거의 일을 사과하는 대화로 시작할 때가 많지만. "하나님 죄송해요, 제가 철도 없고 감사하지도 못해서…."라는 식으로. 하하.

함께 한 추억의 장소나 영화, 그 사람을 연상시키는 오브제 사물들을 만났을 때 일시적으로 중단되었던 대화는 다시 이어지게 된다. 심지어 사는 기반이 너무도 달라 만날 수 없는 친구들, 그리운 사람들과도.

나의 옛 친구는 어느 날 밤 꿈 속에서, 나무에 기대고 앉아 있다가 담담하게 나를 쳐다보면서 말하였다.

"나 이제 간다" 라고.

그 목소리와 모습이 너무도 생생하였는데 나중에 나는 그 친구가 내가 그 꿈을 꾸었을 무렵 결혼하였음을 알게 되었다. 만나지 못한 채 6년 정도의 시간을 살고 있었지만 아마도 나와 그는 못 다한 대화들이 남아있었넌 보양이며, 그는 내 꿈속에서 대화하면서 나에게 '칭칩

장'을 돌린 셈이다. 이쯤 되면 독자는 내가 무슨 신통방통한 예지몽을 꾸는 사람으로 오해하기 쉬운데 나는 그저 깊은 대화에의 갈망이 강한 사람으로 현실에서 그 대화를 진행하지 못할 때 꿈속에서라도 중요한 대화는 주고받을 수 있는 사람!^^이다. 이처럼 우리의 의식과 무의식은 대화의 형식으로 채워져 있다.

대화한다는 그런 것이다. 우리가 만약 어떤 사람과 일상의 필요를 주고받는 기계적인 대화가 아닌 영혼이 교류하는 대화를 한 번이라도 밀도 있게 나누었다면, 그 대화는 현실적으로는 잠시 중단될지라도 언제고 다시 이어지는 속성을 지니고 있다. 그리하여 이처럼 대화는 살면서 중단되다가 또 간간이 이어지는 흐름이 되어, 이런 대화의 흐름 속에서 나의 삶은 진행되는 것이다.

결론적으로 나의 삶을 충만하게 하기 위해서는 우리가 누군가와 '대화'할 때, 최대한 내 영혼의 주파수를 상대방의 말파장에 맞추고 깊게 대화할 필요가 있다. 요즘 세상은 너무나 표면적인 대화들로, 의미없이 서로 서비스만을 주고받는 의사소통이 판을 치고 있다. 효과적인 자기 프리젠테이션 법, 남을 설득하는 기술, 매력적으로 말하는 방법 류의 소위 대화의 기술을 가르치는 책들이 서점에 넘쳐나는 것을 볼 때마다 나는 한숨이 난다. 아니 대화가 무슨 상대방을 내 마음대로 '조작하기 위해서' 언어를 사용하는 것인가? 그저 듣고 말하고 잠시의 순간을 타인과 '다리'를 놓아 만나는 것인데 어떻게 그것을 '기술'로 접근하는가. 난 이 시대의 큰 목소리들이 싫다.

2011. 4.

'사유하는' 엄마 '자유로운' 엄마

오바마가 한국의 교육열을 미국도 본받아야 한다고 말했다는 신문 기사를 읽고 나는 오랜만에 냉소를 터뜨렸다. 흥 오바마. 실망이군. 당신도 표면만 보는 사람인가.

한국의 교육에 대해 정확한 진단과 분석은 못 하지만 한마디는 할 수 있다. '배움의 기쁨을 말살하는 교육'이라고. 나도 아이가 있어 사교육 현장을 가보면 내 아이 또래의 많은 엄마를 만나게 되고 아이의 교육과 교육 환경에 대한 수많은 소문과 이야기를 듣게 된다. 정확한 출처는 알 수 없지만, 엄마들끼리 돌고 도는 수많은 소문이 있다.

'촌지'는커녕 작은 선물조차 거절하시면서 참교육에 애쓰시는 대다수 선생님에 대한 오해를 불러일으킬 수 있을 것 같아 죄송하지만, 교육 문제 중 학교 촌지에 관한 소문들을 몇 개 소개하자면,

1. '민호'와 '김민호'의 차이. 강남○○동네에는 선생님이 학생의 성과 이름을 같이 부르면, 촌지를 드릴 때가 되어간다는 신호이다. 즉 '민호야, 민호가 대답해봐' 이런 식으로 부르지 않고 '김 민호!'라고 성과 이름을 함께 부르는 변화가 생기면 민호의 엄마는 학교

에 가서 담임을 만나야 민호의 학교생활이 행복하다!

2. ○○동 모 초등학교에서 학 부모가 건넨 10만 원의 촌지 사건. ○○동의 모 초등학교에 어떤 선생님이 촌지를 밝힌다는 소문이 있었다. 문제의 선생님이 담임인 아이를 둔 엄마는 여태껏 촌지를 드린 적이 없었는데, 자신의 아이를 위해 과거의 원칙을 크게 양보해서 선생님을 만나 문화 상품권 10만 원을 드리고 나왔다. 그러나 진짜 문제는 아이가 학교에서 돌아와서 발생! 아이는 엄마가 아까 선생님께 건넨 흰 봉투를 다시 건네면서 "엄마, 이거 우리 선생님이 엄마에게 콩나물 값이나 하시래! 그런데 그게 무슨 말이야?"
아이의 엄마는 격노하여 실제로 콩나물을 십만 원 어치 사서 문제의 선생님 교실로 배달시켰다나 뭐라나. 학부모의 성격 건드리신 문제의 선생님은 아연실색! 교장한테 문책을 당했다나, 전근을 가셨다나 정확한 뒷이야기는 알 수 없음!

3. ○○동의 모 초등학교의 촌지는 70만 원부터. 학부모의 대부분이 의사나 변호사, 사업가가 많은 ○○동의 모 초등학교 촌지는 70만 원부터 시작한단다.

4. 선생님이 좋아하시는 선물. 강남의 여자 선생님이 좋아하는 명품백의 브랜드는 ○○이다. 선생님이 또 좋아하는 깜짝 선물은 김장이나 명절 때 '도우미' 아주머니를 보내드리는 것 + 소풍이나 운동회에 피곤하신 선생님들을 위해 친환경 재료로 만든 반찬 세트.

더불어 병든 사회, 병든 한국 교육의 현실 때문에 우울증을 심각하게 앓고 있으며 삶의 균형감각을 잃은 엄마들에 관한 떠도는 흉흉한 소문들도 있다.

1. 중학교 1학년 첫 번째 성적표를 볼 때는 누워서 봐야 한다. 아이의 등수를 보고 쓰러져서 뇌진탕이나 이른 나이에 중풍에 걸릴 수 있으므로.

2. 어떤 엄마는 아이가 자고 있을 때 가위로 아이의 머리를 모두 잘라버렸다. 아이의 성적표를 보고 분을 이기지 못해서.

3. 어느 저명한 정신과 의사가 말했단다. 강남의 어머니들 70%는 다 우울증 환자라고.

4. ○○동에서는 엄마의 가방이 너무 작으면 '아이 간식도 안 챙기고 다니는 한심한 엄마로' 취급받고 '화장이 너무 진해도' 아이 안 돌보고 그 시간에 화장이나 하는 한심한 엄마로 취급받는다.

5, 아이가 욕심껏 따라주지 않아서 절망의 세월을 보냈던 엄마들은 그 상처를 이기려고 아이 교육을 포기한 후 '예술' 이나 '종교' 로 귀의하시는 예도 많다.

6. 진짜 좋은 학원에 관한 정보들은 절대로 안 가르쳐 준다. 정보를 얻는 가장 좋은 방법은 '불쌍한 척하기.' 그러면 가끔 동정 삼아 알

려주는 때도 있음.

7. 아이 친구 엄마들과 아무리 친해져도 자신의 아이의 단점을 이야기해서는 안 된다. 수행 평가 준비나 과외 팀 짤 때 뺄 수도 있음.

이 모든 소문이 정확한 근거가 없고, 출처가 불분명하더라도 엄마들끼리 이야기 속에서 전달되는 것이고 어떤 것은 구체적인 실명으로 말해지기 때문에 꽤 신빙성 있어 보이는 것도 많다. 엄마들도 불행하고, 아이들도 불행한 한국의 교육은 도대체 왜 지경에 이르렀을까. 엄마들이 자녀 교육에 광적으로 집착하게 된 주요 원인은 무엇일까. 그것은 여러 가지가 있을 것이다. 그러나 언어와 담론들을 통해 세상을 보는 사람으로서 내 생각에는 엄마들이 너무나 쉽게 '거짓 담론'들에 휘둘리기 때문이다.

도정일에 따르면 한국 사회는 정부 차원에서 사회 전체에 '공포를 조장하는 담론'들을 쏟아내는 사회이다. 김영삼 정부의 '세계화' 구호나 김대중 정부의 '21세기, 새천년 정보화' 구호들, 특히 1997년 경험했던 IMF 금융위기 경험은 한국인의 뇌리에 깊은 상처와 충격을 주었다. 특히 가족의 일상과 아이들의 교육을 담당하는 여성들에게 자신과 가족을 위해 안전한 생존을 확보하지 않으면 안 된다는 '강박'의 정신 상태'로 만들어놓았다고 지적한다.

엄마들은 사교육 시장의 학원 설명회에 한번 참석해도 '얼마나 자신이 정보가 없는 엄마이며, 그동안 아이를 잘못 교육했는지'에 대한 죄책감과 후회에 휩싸이게 된다. 보수 언론들 또한 시대의 변화를 이야기하며, 세계화 추세 전자 매체 시대의 등장, 실용주의 등과 같은 가치들을 역설하며 도태되지 말 것을 역설한다. 여성들은 아이들의 인생에 대해 강박적으로 걱정하면서 정부나 언론들, 사교육 시장의 주역들이 여성들의 죄책감과 공포를 자극하며 쏟아놓는 말들에 휘둘리며 그러한 지배 담론들을 내면화시켜 가면서 자신의 존재로부터 소외되는 과정들을 밟게 된다.

특히 우려되는 것은 여성들의 삶에 밀접한 담론들, 예를 들어 육아나 교육, 살림과 올바른 소비에 관련된 주제들에 대해서 오늘날 한국 사회에 축적된 담론들이 여성 자신들의 목소리가 아닌 정부나 기성 언론들, 사교육 시장의 주체들, 여성 잡지들, 텔레비전의 막장 드라마 등에 의해서 만들어지고 있다는 점이다. 공적 영역에서 소외되어 사적 영역인 가정 내에서 이웃들과 교류할 기회를 차단당한 채 아이를 키우고 가정을 꾸려가는 대부분의 여성들이 자신과 관련된 이야기를 공급받고 자신을 표현할 언어를 만나게 되는 장소들, 즉 여성들이 담론을 형성할 출처들은 유감스럽게도 다양한 여성들의 목소리들로부터가 아니다. 따라서 여성들은 대기업과 시장의 논리에 휘둘리며, 정부의 정치적 의도에 조종되기 쉬운, 즉 한마디로 자신들의 진정한 목소리로부터 소외되는 존재로 전락하게 된다.

담론이 중요한 것은 우리의 의식을 조정하기 때문이다. 지배적인 담론들과 거리를 두고 비판정신을 가지거나, 해당 담론의 출처를 의심해야 하는 것은, 한나 아렌트Hannah Arendt가 말한 '사유하는 능력'을 회복하고 주체적인 '행위자'로서 '행위'하는 인간이 되기 위해서 반드시 선결되어야 할 작업이다. 그러나 시장 논리에 휘둘리는 삶을 살아가는 우리는 점점 더 비판 정신을 잃어간 채, 지배 담론들을 아무런 여과 없이 수동적으로 받아들여 내면화하고 있으며 그 결과로 여성의 외면적, 법적 지위는 향상되었으나 존재의 측면에서 여성들의 정신은 점점 더 나약해 지고 물질주의 시대의 노예가 되어가고 있다. 오늘날 한국 여성은 '소비하는 주체'일 뿐이며 '사교육 시장'의 좋은 먹잇감이요, 여성 잡지의 애독자이자 드라마의 열광적인 팬으로서 살고 있지 않은가.[2)]

따라서 한국 여성들도 다양한 계급에 속한 여성들 자신의 진실한 목소리로 이루어진 담론들을 끊임없이 탐색하며 조금씩 자신들의 목소리를 대변하는 잡지나 인터넷 사이트를 개발하고 공유하고, 인문학적 독서를 수행하여야 한다. 우리 자신과 우리 아이들의 삶과 밀접히 관련된 삶의 중요한 주제들에 대해서 늘 고민하면서 돈의 가치, 이웃의 가치, 세속적 성공의 가치들에 대해서 오늘날 사회의 지배적인 담론이 쏟아내는 목청 큰 소리들에 휩쓸리지 않을 때, 자신들의 건강한 담론들을 생산해내기 시작할 때, 우리 엄마들도 '사유하는 존재' '자유로운 존재'로 변화하는 첫 걸음을 시작할 수 있을 것이다.

칼릴 지브란은 말한다.

> "그대의 아이들은 그대의 아이들이 아니다. 그들은 스스로의 삶을 열망하고 구현하는 생명의 아들이요, 딸이니…."

2010. 10.

책 읽기, 저자와의 그 달콤한 대화

아이를 9시 정도 재우다 보면 가끔 나도 같이 잠이 들어버린다. 눈을 뜨니 새벽 1시가 가까운 시간, 대충 집안을 마무리하고 다시 자려다가 맑은 머리가 아까워 책을 폈다. 요즘 내가 열광하는 티모시 켈러Timothy Keller의 얇은 책. 책을 읽으면서 문득 '이 책을 읽기 전과 읽은 후의 나는 다르지 않은가' 하는 생각에 사로잡혔다. 책의 내용이 물론 기대했던 것처럼 좋았기 때문에 그런 것이겠지만 괜찮은 책을 읽은 후 느끼는 충족감은 그 무엇과도 비교할 수 없다. 특히 우리네 일상의 수많은 대화, 그 표면적인 수다의 공허함을 채울 수 있는 것은 독서만한 것이 없다.

사실 내가 책 읽기를 사랑하는 이유에는 어쩌면 사람들과 직접 얼굴을 맞대고 하는 대화에서 너무나 많은 순간 소통의 부재, 일방적 의사소통의 외로움을 맛보았기 때문일지 모른다. 나도 젊고 너도 젊으며 서로에 대한 관심과 호기심으로 가득 차 상대방의 세밀한 움직임과 눈빛까지 주목하면서 내 자아는 없어진 채 상대방이 전하는 말에 내 모든 것이 열리는 그런 상태, 즉 사랑에 빠진 연인들 간의 대화 모습은 현실에서는 칮을 수 없고 인제나 이싱일 뿐일 덴데, '의사소통'

의 문제에 관한 한 나는 언제나 비현실적인 충족감을 갈망한다. 그래서 차라리 수다보다는 침묵과 혼자 있는 시간을 확보하려 애쓰며, 카카오톡을 싫어하며, 저자와의 대화를 위해 책을 잡는 것이다. 내 눈앞에서 책의 저자를 만나고 이야기하는 것은 아니지만 나보다는 훨씬 위대한(?) 정신을 가졌을 것으로 짐작되는 저자의 생각 줄기를 따라가면서, 그와 내가 나누는 내적인 대화, 그것이 독서가 아닌가. 이 새벽에 내가 뉴욕에 사는 할아버지, 티모시 켈러를 내 앞에 두고 그가 발견한 진리 일부를 경청하여 내 안에 담는다는 것은 정말이지 짜릿한 쾌감이며 엄청난 특권이 아닌가.

부두 노동자로 80까지 일하면서 하루하루 살았던 에릭 호퍼Eric Hoffer가 아마도 점심 시간 무렵 자신이 물건을 하역하며 일하는 곳 귀퉁이에 앉아 책을 읽는 사진을 본 적이 있다. 그는 물건을 실어 나르며 노동하면서 동료와 유쾌한 농담도 주고받았을 것이고 그가 일하는 현장에는 아마도 일을 명령하고 지휘하고 수행하면서 생기는 여러 가지 소음들이 넘쳐났을 것이다. 그러나 일을 잠깐 쉬는 사이, 그는 책을 읽어야만 한다. 오래된 흔한 표현대로 책 읽기는 우리에게 영혼의 양식이기 때문이다. 생활의 잡음을 잠시나마 잊게 해주는 청량한 소리를 찾아서 배고픈 위장을 채우는 것만큼이나 시급한 문세,

「에릭 호퍼 부두에서 독서 장면」

독서를 통한 '나와 그의 대화'이다.

2013. 2. 12.

바흐친, 나의 멘토와의 대화

내 삶 전체의 멘토는 두말할 것 없이 청년, 예수 그리스도. 그러나 외국어로서 프랑스어를 가르치고 언어와 의사소통의 문제를 생각하는 데 있어 가장 큰 영향을 준 멘토는 러시아의 사상가인 미하일 바흐친Mikhail Bakhtine, 1895-1975이다. 바흐친의 글 중에는 멋있는 부분이 참 많지만 난 다음 문장들을 제일 좋아한다.

> 담론의 시작도 담론의 끝도 존재하지 않으며, 대화적인 맥락은 한계가 없다. 이는 무한한 미래와 무한한 과거 속에 파묻힌다. 과거적 의미, 말하자면 지난 세기의 대화에서 태어난 의미조차도 결정적으로 완성되고 끝난 고정된 것이 절대 될 수 없으며, 늘 새로워지면서 앞으로 다가올 대화의 미래적인 전개 속에서 변형될 것이다. 대화의 발날의 순간마다 거대하고 무한한 잊혀진 의미들의 밀집지대가 존재하며 이는 차후의 순간들에 대화가 점점 진행됨에 따라서 기억 속에 되살아나며, 새로워진 형태로 또 다른 맥락 속에서 존재하게 될 것이다. 어떤 것도 절대적으로 사멸하지는 않는다. 모든 의미는 재생의 축제를 벌이게 될 것이다….[3]

난 바흐친의 이 글이 왜 그리 멋있는지 모르겠다. 그냥 여러 번 읽고, 내 꼬부랑 글씨로 써놓고 포스트 잇에 붙여놓고 들여다본다. 거의 정신적 오르가슴을 느낄 정도이다! 왜 멋지지? 뛰어난 소설가이신 나의 은사님 최현무 선생님의 번역이 탁월하기도 한 탓이겠지만, 이 대목을 읽을 때마다 바흐친의 목소리가 들려오는 듯하다.

이 문장을 눈을 감고 음미하면, 어느새 내 머릿속에는 담론의 거침없는 거대한 그 도도한 물결이 눈앞에 펼쳐진다. 역사가 진행되어오면서 우리 인류가 우리 삶의 모든 주제사랑, 노동, 죽음, 정치와 권력, 정의로움, 인권, 진리에 관해 축적되어온 담론들, 시나 소설의 형태로, 구전되어온 민담의 형태로, 법과 철학책으로, 또는 영혼의 저장고에서 퍼올려진 집단 무의식의 형태까지 포함한 담론의 힘 있는 물결이 연상될 정도이다. 그런데 이 물결 속에는 어떤 담론이 그 당시에 잠깐 인기가 있고 시류를 타서 사람들 사이에서 많이 회자되고 베스트 셀러가 되었다고 하더라도 그 '무게 값!'이 담론의 흐름에 편입될 만큼 가치가 없다면 그 주 흐름에서 버티지 못하고 떨어져 나갈 것이다. 당대에 반짝 인기를 누렸더라도 길어야 30년을 못 버틸 것이다. 즉 후세까지 이어지지 못하는 담론으로 잊혀 지게 된다. 예를 들어 통속 소설은 당대에 잘 팔려도 고전이 후세에 영원히 읽히듯이 가짜 담론들은 살아남지 못하는 담론의 물결. 나는 바흐친의 위 글을 읽을 때마다 담론 자체의 진리치와 무게값이 있어서 그 자체의 생명력이, 자본이나 권력, 홍보와 여론 조작의 논리에도 꺼지지 않는 도도한 흐름을 유지할 수 있다는 다소 희화된 '믿음'에로 까지 나아간다.

긴 시간의 흐름과 함께하는 담론의 흐름에 편입될 자격이 있는 '생명력' 있는 담론들만을 품에 안고 흐르는 거대하고 힘 있는 물결, 그래서 후세의 사람들에게 삶의 지혜를 주고, 혼란 중에 방향을 제시해 주며, 좀 더 귀한 인생을 살도록 도와주는 인류 공통의 저장고로서의 담론의 흐름, 그 맥이 느껴지는 것이다. 지금 이 글을 본다면 아마도 바흐친은 웃을 것이다. 바흐친을 좀 아는 연구자들도 좀 오버한다고 생각할지 모르며, 바흐친을 모르는 일반 독자들은 무슨 이야기를 하는지 감이 안 잡힐지 모른다. 그냥 이 문장에서 내가 무한한 영감과 위로를 받았다고 하자. 즉 요새 말로 '필이 꽂힌!' 것이라 하자.

어쨌든 나에게 이 문장은 결국 역사는 '진리를 향하여' '정의로움'을 향하여 간다는 거대한 과장해석으로까지 나아간다. 내 마음 한구석을 늘 아프게 하는, 자신의 언어를 갖고 있지 못하는 자들이 지금은 이 시대의 큰 목소리들, 현란한 제스처에 놀아나고 있지만 언젠가 미약한 목소리들도 그 가는 흐름을 힘겹게 이어나가 '푸른 의의 나무가 가득한 세상'을 만날 수 있다는 희망까지 나아간다. 바흐친이 살아있어 자신이 쓴 이 문장에 대한 나의 이 '과장, 확대, 제멋대로'의 해석을 듣는다면 뭐라고 말할까? 그러나 어쩌랴. 나는 이 문장을 읽을 때마다, 가슴이 뛰는 걸, 무한히 나아가는 걸. 바흐친조차도 말하지 않았는가. 글쓴이는 자기의 글에 대해서 부분적으로는 무의식적이기 때문에 이해의 주체는 결국 독자라는 것을. 즉 창조적 해석이란 저자를 뛰어넘어 독자인 내가 주체가 되어 텍스트의 의미를 풍부하게 하는 것임을. 이처럼 바흐친의 동의를 얻었으므로(!) 나는 이 구절들을 마치 성경의 위대한 선포처럼 '오버'하며 읽는다.

> "바흐친. 그게 당신 사상의 힘, 당신이 쓴 문장의 힘이에요. 누가 그렇게 멋있게 쓰래? 번역해도 그 멋있음이 손상되지 않으니, 시대가 이리 다른데 내게 그리 생생하니. 당신처럼 책상 하나와 뜨거운 차 한 잔만 있어도 머릿 속에서 무한한 대화가 펼쳐지는 그런 자유로운 지식인이 되고 싶은데."

바흐친 연구자들은 누구나 공감하겠지만 사실 바흐친의 전체저작에 접근하는 것은 불가능에 가깝다. 우선 그의 글은 당연히 러시아어로 쓰여있고, 러시아어를 모르는 나 같은 연구자들은 번역본에 의지하여야 한다. 나는 프랑스어로 번역된 것을 참조했으나, 미국에서 바흐친을 연구하는 자들은 영어본으로 서로 다른 측면에 주목하여 아마도 상당히 다른 '바흐친'을 읽고 있을 것이다. 또한 그의 주요 저작은 1920년대 쓰였다. 그러다가 1970년 이후에 바흐친이 재평가되기 시작하였고 아직도 발표되지 않은 원고들이 많다.

이런 이유로 문학 연구자도 러시아어 전공자도 아니고 함께 바흐친을 공부할 동료도 없어서 무력감은 더욱 극에 달한다. '내가 아는 바흐친이 그 바흐친 맞는 거야?' 라고 수십 번 자문하면서! 그러나 바흐친을 만난다면 그는 내게 그리 오해는 안 했다고! 용기를 주리라!^^

2010. 10.

소리의 단성화

나는 '영화광'이지만 텔레비전은 거의 보지 않는다. 특히 예능 프로는 끔찍하게 싫어한다. 예능 프로를 싫어하는 이유 중 하나가 '자막'이다. 장면마다 느끼는 우리의 감상과 심지어 왜 웃어야 하는지를 리드하고 가르쳐 주는 '친절한' 자막이 화면에 뜰 때마다 나는 바보상자 텔레비전 앞에서 소리치고 싶다.

'왜 그때, 그렇게 웃어야 하는데!!'

우리의 정신을 일률적으로 이끌고 웃음마저 똑같이 만들려고 하는 '냄새'가 나서, 까다로운 나는 예능프로를 못 본다. 그러나 나의 '까탈'은 괜한 심통이나 괴팍함만은 아니다. 언어가 우리의 정신을 일깨우거나 반대로 우리를 우매하게 만드는 경우가 얼마나 많은가.

예를 들어 2차 대전, 유대인을 학살했던 나치스들이 반인륜적인 실무를 담당하는 부하들에게 가스실 행이나 학살 등의 말을 '최종 해결'이라는 식으로 왜 명명했겠는가, 그것은 유대인들이 못 알아듣게 하기 위한 자신들만의 암호만은 아니었다. 무엇보다도 실무를 담당하는 부하들이 '회의'하거나 '의심'을 품지 않고 상부의 명령에 순종하도록 동세하기 위한 전략이었던 셈이다. 한나 아렌트도 지적한 것처럼 언어를 어떻게 사용하는가에 따라 인간은 사유의 능력을 박탈당할 수도 있으며, 기계적인 언어 사용은 언어 사용자에게 '사유의 무능력'을 가져와, 결국 악의 대열에 동참하게 되는 비극을 가져올 수 있다.

굳이 나치스같이 극단적인 예가 아니더라도, 어느 국가의 정부나 정책을 성공하게 하고, 국정을 계획한 대로 순탄하게 운영하기 위하여 홍보나 선전 등에 심취하게 된다.

그러나 '위에서 하달되는 언어'들이 넘쳐나고, 자본이나 정치 권력층의 '언어 조작 욕구'가 견제되지 못할 때, 해당 사회는 점점 물리적이며 정신적인 폭력성을 띄게 된다. 이러한 움직임을 '언론 통제' '과잉 홍보' '여론 조작' 등의 여러 가지 말로 표현할 수 있겠지만, 나는 이것을 '소리의 단성화'라고 정의한다.

쉽게 말하면 소리, 즉 다양한 사회적 이슈에 대한 우리 사회의 여러 담론을 자신들, 기득권자들의 목소리 하나로만 집중시키려는 것.

예컨대 이명박 정부는 근래에 보기 드물게 '소리를 단성화' 하려는 욕구가 강한 사람들이 모여 있는 것 같다. 내 생각에 건강한 사회는 오케스트라 화음처럼 출처를 알 수 없는 다양한 화음들이 울려 퍼지는 공간, '다성 화음의 공간'이다. 물론 사회적 강자의 목소리가 더 크고, 다수의 목소리가 더 많이 들리겠지만, 약자도 강자가 하는 말들을 앵무새처럼 따라 하지 않고, 소수자들도 주눅 들지 않고 다양한 사회적 이슈에 대해서 자기의 언어로 자신의 생각을 말할 수 있는 사회이다. 물론 나는 언제나, 언제까지나 현재에 대해 불만이 많은 이상주의

자일 것이며 이러한 사회는 존재할 수 없다는 것을 안다.

MB 정부의 다른 정치적 이슈와 평가는 차치하더라도, '여론'을 주도하고, 언론을 통제하려고 하는 정부 때문에, 체감되는 모종의 답답함은 소위 좌파든 우파든 많은 사람들이 공감할 것이다. 뉴스에서는 나와야 할 뉴스가 안 나오는 일이 많아졌으며, 대기업의 광고에서도 4대 강 홍보를 비롯한 정부 정책을 도와주고 싶은 마음인지 '강물의 이미지'와 '건설과 개발 신화'들이 넘쳐난다. 어느 날 퇴근길 저녁, 우연히 버스 안에서 전광판을 보게 되었는데, 복잡한 도심의 전광판에서도 정부의 크고 작은 정책에 대한 홍보가 쏟아지고 있었다. 텔레비전 뉴스와 신문들에 이어서 기차역이나 사거리의 전광판 같은 구석구석까지 홍보와 선전 구호들의 말들과 이미지로 넘쳐 나는 세상, 다른 생각과 다른 언어를 가진 자들은 조용히 침묵하거나 크게 들리지 않은 사적인 공간에서의 '입담'들로 수군거리는데 머물고 있지 않은가.

오늘 신문의 한 기사에도 나와 비슷한 관점에서 정부를 지적하는 글이 있었다. 적절한 지적이라 여기에 인용해본다.

> 요즘 청와대에서 'G20 세대'라는 용어를 자주 듣게 된다. 처음 접한 것은 지난 3일 이명박 대통령의 신년 연설에서였다. 이 대통령은 '세계를 무대로 뛰고 경쟁을 주저하지 않으며, 창조적 도전 정신에 불타는 젊은이'라고 G 세대를 매김 했다. 일주일 뒤 라디오 연설에선 '긍정의 힘' '세계 무대를 두려워하지 않는다'며 재차

G20 세대의 특징을 꼽았다. 다음날 청와대는 각종 교육 대책을 묶어 'G20 세대 희망 프로젝트' 라고 이름 붙여 발표했다. 청와대 수석 비서관들도 G20을 주제로 회의를 열고 '국제적 기준을 내재화해 창조적 도전정신으로 세계와 자신있고 당당하게 경쟁하며 일 자체를 즐기는 글로벌 청년 리더군' 으로 규정했다. 청와대의 G20 세대 집착에선 이 용어가 일상화되길 바라는 뜻이 읽힌다.

누구든 '~세대' 라는 신조어를 만들어낼 수 있다. 그러나 X세대, 88만원세대…처럼 생명력 있는 조어로 살아남으려면 기본 조건이 있다. 해당 세대의 공통 체험과 정서가 담겨 있고, 자발적으로 사용해야 한다는 점이다. 20개 국가가 돌아가며 의장국을 맡아 이틀간 치르는 G20 정상회의가 과연 이 시대 젊은이들이 '공통 체험한 기록일 수 있을지는 의문이다.

청와대의 생뚱맞은 'G20세대론' 중에서[4)]–

세상에 G20 세대라니, 정부는 G20 정상회의를 치러낸 자신들의 '과업' 을 국민들의 머릿속에, 일상 속에서 그렇게 각인시키고 싶었던 것일까. 아니면 대학 졸업 후에 다가올 실업의 공포에 위축되어 그렇게 '긍정적' 이지도 '창조적' 이지도 '글로벌' 하지도 않은 대다수의 20대 청년들에게 찬란한 비전을 제시해주고 싶은 마음이 너무나 간절했던 것일까. 그러나 'G20 세대' 라는 정부가 애써 만든 '신조어' 는 머지않아 사람들의 입에도 오르내리지 않는 단어가 될 가능성이 많다. 위 기사에서도 지적하는 것처럼, 그것은 자발적으로 자연스럽게 만들어져서 탄생한 말이 아니며, 그 말을 주로 사용할 화자에게 환기시키는 가치와 의미가 거의 없는 단어이기 때문이다.

나에겐 정부가 유난히 소리 높여 외치는 '공정한 사회'나 '국가의 품격', '4대 강 살리기', 'G20 세대'와 같은 구호들이 마치 예능 프로의 자막과 같이 느껴진다. '이 장면을 보고 이렇게 웃어라'와 유사하게 '이렇게 믿어야 한다, 이렇게 느껴야 한다'라고 친절하게 우리를 안내하면서 이와 반대되는 다른 목소리들과 다른 측면의 현실들을 은폐하는 '위에서 내려오는' 헛된 구호들. 이런 말들이 난무하는 세상 때문에, 긍정적인 의미가 있던 많은 단어가 내용 없는 텅 빈 단어들이 되어간다. 아마 우리는 언젠가 진실로 '평화'로운 순간의 느낌을 언어화시키려 할 때, '평화'라는 단어를 사용하기를 주저하거나, 정의가 올바로 서기를 꿈꾸는 바람을 표현하고자 할 때, '정의'나 '공정함' 같은 단어를 의도적으로 피해서 문장을 만들지도 모른다. 아름다운 가치를 가득 담고 있던 말들이 쓸쓸히 사라져가고 있다.

2011. 1. 14.

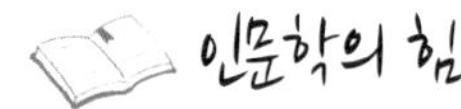

인문학의 힘

어느 날 나는 우연히 TV에서 미국에서 얼 쇼리스Earl Shorris에 의해 시작된 '클렌멘트 코스'The Clemente Course in the Humanities, 희망의 인문학프로젝트에 관한 다큐멘터리를 보게 되었다. 그런 후 난 벅찬 감동을 받았고 즉시 서점에 가서 번역된 얼 쇼리스의 책 『희망의 인문학』을 찾아 읽게 되었다. 얼 쇼리스는 미국에서 1995년부터 노숙자, 마약 중독자, 미혼모, 대도시의 최저 임금 노동자들 등과 같은 가장 가난한 자 중의 가난한 자들, 소외 계층을 위한 정규 대학 수준의 인문학 교육과정을 창설하였다. 가장 소외되고 가난한 자들에게 당장의 '밥벌이'와 관계없는 수준 높은 인문학철학, 시, 미술사, 논리학, 수사학 등을 가르치는 것이 무슨 의미와 효용이 있을까. 얼 쇼리스는 그것은 한마디로 사회적 약자들이 '고립에서 벗어나 시민으로서의 정치적 삶을 누릴 수 있도록 하는 것'이라고 말한다.

> 인문학은 세상과 잘 지내려고, 제대로 생각하려고, 그리고 외부의 어떤 '무력적인 힘'이 여러분에게 영향을 끼쳐올 때 무조건 반응하기보다는 심사숙고해서 잘 대처해나갈 수 있는 방법을 배우려면

반드시 해야 할 공부입니다. 저는 인문학이 우리가 '정치적' 이 되기 위한 한 방법이라고 생각합니다. 제가 '정치적' 이라고 말할 때는 단지 선거에서 투표하는 일만을 말하는 것이 아닙니다. 이것보다는 좀 더 넓은 의미가 있는데요.[5)]

여기서 '정치적'이라는 것은 사회적 약자들이 고립에서 벗어나 인간으로서의 존엄함을 되찾고 공적인 의사소통의 장으로 나오는 것을 포함한다. 얼 쇼리스는 중범죄자 교도소에서 8년 이상을 보내고 있던 한 여성 재소자와의 대화를 통해서 클레멘트 코스에 대한 최초의 영감을 얻는다. 어느 날 교도소를 방문한 얼 쇼리스는 비니스라는 여성 재소자에게 '사람들이 왜 가난한 것 같나요?' 라는 질문을 하였다. 고등학교 중퇴에 할렘가와 마약 치료센터를 전전하다 교도소까지 들어온 이 여성은 다음과 같이 말하였다.

그 문제는 아이들 이야기에서부터 시작해야 합니다. 우리 아이들에게 '시내 중심가 사람들의 정신적 삶 moral life of downtown' 을 가르쳐야 합니다. 가르치는 방법은 간단합니다. 얼 선생님, 그 애들을 연극이나 박물관, 음악회, 강연회 등에 데리고 다녀주세요. 그러면 그 애들은 그런 곳에서 '시내 중심가 사람들의 정신적 삶' 을 배우게 될 것입니다.[6)]

여기에서 '시내 중심가 사람들의 정신적 삶'이란 무엇일까. 얼 쇼리스는 그것이 '성찰적 사고 능력 reflexive thinking'을 의미한다는 것을 깨닫는다. 세익스피어와 같은 고전을 읽고, 역사를 배우고, 예술을 감상하면서, 즉 '인문학을 배우면서' 사회적 약자들이 성찰할 수 있는 힘, 사고력을 확장시킬 때, 그들은 서서히 자율성과 인간으로서의 존엄성을 회복하게 되는 것이다.

얼 쇼리스에게 가난한 자들을 위한 인문학 강의에 대한 근원적인 영감을 준 이는 아테네의 철학자 소크라테스이다. 소크라테스는 성찰하지 않는 삶, 사유하지 않는 삶은 살아갈 가치가 없으며, 다른 사람들과 대화하면서 자기 자신과 사람들의 생각을 점검해보면서 '영혼의 성장'을 이루는 것을 인생의 의미라고 보았다.

> 인간에게는 영혼이 있는데, 그것은 정상적으로 깨어 있는 지성과 도덕적 특성의 어딘가에 자리를 잡고 있다. 이 영혼은… 인간에게 가장 중요한 것이기 때문에 인간이 자기 인생에서 이뤄야 할 최대의 과업은 그것을 가장 중시하여 최고로 발휘될 수 있게 갈고 닦는 일이다.[7)]

나 자신이 천상 인문학도이니 이와 같은 얼 쇼리스나 소크라테스의 생각들에 오래전부터, 그들을 알기 전부터 동의해왔을 것이다. 그러나 실제 삶에서는 내가 사람들이 관심 없어 하는 책들을 열광하며 읽고, 남들 자게 만드는 영화를 혼자 가슴 저려하며 보고 있다는 것을 눈치 채면서 '소수파'에 속하는 자 특유의 외로운 감정이 들기도 하였다. 또한, 나와 비슷한 감수성과 취향을 가진 '절친'인 인문학도들은 가난을 못 벗어난다는 확인을 하면서 '인문학의 효용 없음과 약함'에 쓸쓸해하고 있던 차였다. 그런데 얼 쇼리스가 쓴 인문학 강좌를 통해 변화된 사회적 약자들에 대한 보고서를 읽으니 얼마나 기운이 나던지.

얼마 전 나는 책을 통한 간접 경험이 아닌 내 스스로 인문학의 힘에 대해서 체감하는 경험을 하였다. 며칠 전 나는 가볍게 알고 지내는 어느 지인을 만나서 함께 무슨 볼일이 있었다. 사적인 얘기는 나눠본 적이 없지만, 그 분은 나의 큰 언니가 이용하는 건강식품을 판매하는 분이어서 언니를 통해 약간의 신상 정보 정도는 알고 있었다. 마흔다섯 살이 넘었으며 독신이며 소규모지만 알찬 자영업자이며 골프도 잘하고 운동광이라는 것 정도.

우리는 함께 지하철을 40분 정도 탔다. 그래서 자연스럽게 처음으로 이런저런 이야기들을 주고받게 되었다. 나는 보통 이야기 듣기를 아주 좋아하는 편이다. 특히 여럿이 같이 말하는 것보다 1:1 대화에서 듣는 것을 매우 좋아한다. 내 전공 공부가 언어와 의사소통에 관계된 것이기 때문이기도 하지만, 어렸을 때부터 그랬으니 그냥 천성인 듯 싶다. 그런데 이분과의 대화가 진행되면서 어느 순간 나는 자신에게 깜짝 놀랐다. 너무 못된 생각을 하고 있었기 때문이다. 즉 '아, 너무 지루하구나…책이나 읽고 싶다…' 라고.

나의 못됨(!)을 독자들이 맹비난할 테니 변명 삼아 이야기하자면, 웬만하면 대화에 흥미를 느끼는 내가 몹시 지루해진 이유는 그녀의 대화 주제 때문이었다. 그녀의 주제는 딱 한 가지였다. '결혼'.

난 여성으로서 경제적으로 자립하여 자신의 삶을 잘 꾸려나가고 만능 스포츠 우먼이라는 그녀가 은근히 멋있기도 해서 그녀와의 대화할 기회가 생겼음을 불과 몇 분 전만 해도 기대했었다. 그런데 가는 길 내내 그녀는 '이렇게 나이가 많아서 어떻게 결혼할 수 있을까. 주말이어도 할 일도 없다. 쉬는 날이 싫을 정도이다'라는 말을 되풀이했다. 그녀의 되풀이 되는 '결혼 타령'에 주의 집중이 자꾸만 산만해지는 게 미안해서, 나는 경청하고자 엄청난 노력을 했으나 자꾸만 또 산만해지기만 하였다. 남의 말을 안 듣는 사람들을 너무나 싫어하는 내가, 그날은 내가 비난하곤 했던 유형의 '산만한 청취자'가 되어가고 있었다.

'반성하면서' 집에 돌아오는 길에 나는 문득 며칠 전 만난 M 언니 생각을 하였다. 언니 나이도 얼추 45를 훌쩍 넘었고, 결혼하지 않고 독신으로 혼자 산다. 그런데 한참 밑인 나보다 더 젊고 그녀가 나이 들어감이나 결혼에 대해서 하는 농담들은 늘 '엽기적'이어서 주변의 폭소를 자아낸다. 직업은 요리사. 그러나 내가 늘 '대한민국에서 가장 지적인 요리사'라고 칭찬 겸 놀릴 정도로 그녀의 책꽂이에는 인문학 분야의 책들이 가득하다. 내가 아는 언니의 재산 규모는 그날 만난 지인의 반의반도 안 될 것이다. 재산 외에 외적 조건은 얼추 비슷비슷한 독신녀들인 언니와 그분의 차이 중 가장 뚜렷한 점은 내가 아는 범위에서는 평소에 여가를 보내는 방식, 좀 더 구체적으로 '인문학 책 읽기' 습관의 유무였다. 그 지인은 여가에 인제나 카톡이나 인터넷을 뒤적거린다. 언니는 공부하는 나도 안 읽어 본 인문학 책들을 언제나 가까이한다. 독서 때문일까. 언니의 대화는 다양한 주제들로 언제나 횡적 종적 비상을 하며, 말하는 방식 또한 시골 촌부의 사투리부터 세련된 오피스 걸의 말투를 오가기 때문에 나와 그녀의 친구들은 언제나 그녀와 대화하면서 포복절도를 하고, 자유로운 그녀의 삶을 부러워하기까지 한다.

언니보다 훨씬 더 돈을 많이 벌어놓아 노후 걱정이 덜 할 것으로 짐작되는 그 지인 분은 유감스럽지만, 여가 생활에서나 정신적 행복 지수 측면에서 언니보다 행복하지 않은 듯 싶었다. 그녀의 말에서 물씬 풍겨 나왔던 그 완만하게 무기력한 상태, 대화는 뚝뚝 끊기고 대화의 주제가 지극히 한정되었던 이유는 상대방인 나와의 친밀도가 부족했기 때문일 수도 있지만 나는 그것만이 원인이라고 생각하지는 않는다. 그것은 그분이 타인들이나 사회가 제시하는 결혼이나 행복, 가족에 관한 이상에서 조금도 거리를 취하지 못하고 있기 때문이라고 생각한다. 그리고 그렇게 된 이유는 그분이 오랫동안 여가를 보내온 방식에 있다고 본다.

자신의 삶과 정체성을 구성하는 중요한 사항들에 대해서 일종의 '정면 대결'을 해서 깊이 있게 성찰하고 자신이 진정으로 원하는 것이 무엇인가에 대한 사유 과정을 거치지 않을 때 우리는 늘 불안하고 혼란스럽다. 이것은 곧 앞에서 말한 얼 쇼리스의 '희망의 인문학'의 기본 발상과 취지와도 연결된다. 노숙자와 같이 가장 어려운 처지의 사회적 약자가 아니어도 우리는 세상이나 다수가 제시하는 담론들에 늘 휘둘리며, 세상의 큰 목소리가 내가 진정으로 원하는 것과 다른 내용을 말하고 있을 때 자신 내부의 미세한 음성을 억지로 죽이려고 한다. 그러면서 왠지 알지 못하게 불행하고 소외된 기분으로 살게 되는 것이다. 좋은 인문학 책 읽기, 감동적인 예술 작품이나 공연들을 관람하는 것 같은 취미 생활들은 매스컴 등을 통해서 사회가 천편일률적으로 제시하는 여러 가지 가치들에 대해 '균열'을 만들 수 있는 몇 가지 도구 중 하나이다.

인문학의 힘과 재미, 정신의 저항력과 독립, 자유함은 이렇게 추상적인 것이 아니라 나의 일상의 시간, 머릿속의 '상태'를 구성하는 매우 실질적인 힘이 될 수 있다.

밥 세끼 먹는 것은 똑같지 않은가, 꼭 벤츠 타야 하는가. 중고차로 다니면 어떤가. 싸구려 수입 포도주, 크래커랑 홀짝대며, 라면 끓여 먹으면서도 우리는 세계를 논할 수 있지 않은가. '세상 경쟁력 전혀 없는' 내 주변의 인문학도 친구들은 가끔 서울 하늘 어느 구석 친구네 월세 집에서 조우하며 즐겁게 나이 들어간다.

2013. 8. 6.

세상의 거짓 담론들과의 전투!

배움의 기회를 오래 누릴 수 있었던 자가 느끼는 일말의 책임감으로서 나의 공부 방향은 몇 가지로 향한다. 노년이 하염없이 길다고 하니 남은 평생 나의 공부의 몇 갈래의 방향일 것이다. 그중의 하나가 세상에 가득 찬 거짓 담론들을 거짓이라고, 그것에 휘둘리지 말라고 끊임없이 말해대는 것이다. '인간과 세상은 복잡한 것이기 때문에 선과 악의 이분법으로만 나뉠 수는 없으며, 절대 가치 기준이란 없고, 너의 작업 또한 지식인의 오만함의 발로이며…'라고 나를 비난하는 목소리 들이 있을 수 있겠으나 내게 분명한 선과 분명한 악은 존재하며, 거짓 담론들은 그냥 거짓이다.

누구나 자신이 옳다고 생각하는 믿음과 가치를 붙잡고 살지 않는가. 예를 들어 교육열 세계 1위인 우리나라에서 출판 미디어 매체, 사람들 간의 수다 등 공식적 비공식적인 모든 통로를 거쳐 생산되는 교육에 대한 담론 중에 세속적인 성공과 이기적인 경쟁, 불안함을 조장하는 모든 담론은 내게는 거짓이다. 예를 들어 자주 인용되는 칼린 지브란의 '그대의 아이들은 그대의 것이 아니다. 그들은 스스로의 삶을 갈구하는 생명의 아들이요 딸이니…' 류는 내게 한국적 상황에서는 교육에 관한 주제 중에 꽤 진리치가 높은 담론이 된다.

일상생활 속에서 내 삶과 밀접한 문제들, 예를 들어 지금 나에게 '육아' '교육' 등에 관해 마음으로 받아들인 담론들은 말 자체로 끝나는 것이 아니라, 실제 그 문제와 연결된 생활 속에서 나를 움직이고 중요한 선택을 하게 하는 추동력이 된다. 대명제이자 삶의 모토, 가치 기준이 된다.

오늘은 미용실에서 파마하다가 본 여성 잡지에서 우연히 아이 교육의 문제에 관해 내 마음을 위로해주며 꼭 와 닿는 담론 하나를 발견했다. 김용 세계은행 총재의 어머니 전옥숙 여사를 인터뷰한 기사에서 그분이 하신 말들. 간추려 인용하면 다음과 같다

> "모든 것을 잘할 필요도 없다. 세상에서 가장 현명할 필요도 없다. 정신을 가다듬고 아이와 함께 성장하는 것이 가장 이상적인 엄마이다."[8)]

나는 대치동에 산다. 대치동은 소문대로 무서운 엄마들이 많이 사는 곳이다. 삼겹살집에서도 아이가 학원가기 전에 단백질을 공급하려하는 엄마들이 10살 넘은 아이의 입에 상추쌈을 급히 넣어주고 있고, 카페 안에서도 속성 과외가 이루어지거나 아이들 교육문제로 토론하시는 엄마들의 모임이 성시를 이루며, 인근의 도로에서는 학원 앞에서 아이를 내려주고 태우는 엄마들의 차들 때문에 주말이나 시간 상관없이 도로가 쉽게 마비가 되는 곳이다. 별로 세상 시류를 따르

지 않는 구닥다리 삶의 방식을 고수하고 있지만 나도 10살 5살 아이의 엄마인지라 대치동 열렬 엄마들의 전투적인 모습들을 보면 주눅이 든다. 나는 왜 이리 정보력이 없으며, 특히 아들은 엄마들에 휩쓸리지 않으면 축구팀 하나에도 못 들어간다는데, 나 같은 엄마를 둔 내 아들의 앞날은 어쩌느냐는 잔걱정. 그러나 대치동 엄마들이 보이는 아이들에 대한 지나친 집중도와 아이들을 로봇처럼 조립해서 괜찮은 '완성품'을 만들어가려는 그 열정은 뭔가 병적이라는 의심을 지울 수 없었다. 아이들을 아이 고유의 개성대로 기다려주고 사랑하는 게 아니라, 예전에 누구보다 똑똑하고 멋진 여자였던 자신의 존재를 보상받고 싶은, 자아에의 사랑이 이상하게 변형된 상태라고나 할까. 그러나 현실에서는 열렬 엄마들과 그 '잘 만들어진' 아이들이 세상에서 위너가 된다는 소문들이 여러 가지 경로를 통해 많이 들려온다.

그런 세상의 웅성거림 속에서, 살림도 육아도 자기 관리도 완벽한 수퍼우먼 엄마들 틈에서, 늘 아이 학교 준비물 빼먹고, 학원도 안 보내고, 라면도 가끔 끓여주는 엄마인 나는 늘 기가 죽어 있었나 보다. 그런데 아들을 그렇게 멋지게 세계적인 인물로 키워낸 위대한 '어머니'이며 자신도 세계적인 석학이신 김용 총재의 어머니가 내 마음 속 교육철학!^^을 대변해주는 듯한 말을 하신 것이 아닌가. 아. 얼마나 위로가 되고 기뻤는지….

'아, 내가 틀린 생각을 하고 있던 것은 아닌가 봐, 이분도 이렇게 말씀하시잖아…. 완벽한 엄마가 될 필요 없다고 하시잖아, 아이와 같이 엄마도 커가면 된다고 하네…. 그건 나도 할 수 있지 않을까' 하는 생각들을 구시렁구시렁 하게 되는 것이다. 평화로운 마음으로 말이다.

우리 삶의 각 부분에 짙고도 넓게 퍼져 있는 거짓 담론들을 분별해 내는 방법은 개인마다 다르겠으나 나에게는 다음 두 가지이다. 우선 그 담론을 접했을 때, 즉 읽거나 들었을 때 내 마음이 '불안한가'이다. 불안을 조장하는 말들, 내게 두려움을 주는 말과 글들은 일단 객관적인 진실 여부에 상관없이 내게는 수용될 담론들이 아니다.

둘째는 '나의 생명력을 고양하는가, 아니면 내 삶의 에너지를 빼앗는가'이다. 어떤 말과 글을 접하면 기운이 빠지는 경우가 있지 않은가. 그것은 내게 거짓 담론이다. 너무 단순하게 삶을 산다고 말하고 싶은가. 세상에 휘둘리지 않고자, 믿음대로 살려고 가진 무기는 저마다 다를 수 있지 않은가. 나는 내 삶의 경험, 나의 고유함을 가지고 마치 어린아이 처럼 그렇게 거짓을 분별하며 산다. 물론 모든 것의 출발점은 진리로서의 그리스도.

바람 속의 음성

포기하라는 음성에 흔들리지 말고
해지는 바다를 향해 당당히 날아오르라고.
너는 날을 수 있다고 저 하늘 그 위로 나와 함께 날아가자고
아무런 두렴 없이 해지는 바다를 향해 날아가는 너를 보고 싶다고
때론 모진 바람으로 너의 비행이 순탄하지가 않다 해도
추락을 두려워 말고 너의 절벽 끝에 서서 당당히 날아오르라고.

높이 날을 수 없다는 포기를 주는 그 말에 흔들리지 말라고.
너는 주저 말고 너의 날개를 펴서 하늘로 날아올라 내게로 오라고.

위 글은 「바람속의 음성」이라는 제목의 찬송 가사이다.

지난해 겨울부터 지난 수 개월 동안 나와 가족은 혹독한 시련을 겪었는데, 새벽마다 나는 이 찬송을 들으며 기도를 했다. 현실 속에서는 '듣도 보도 못한 일'들이 생기고 평온했던 삶의 외피들이 모두 찢기는 경험을 하고 있었지만, 나의 정신은 새벽마다 비상하여 하나님과 조우하였고 그런 시간을 하루하루 보내다 보니 현실 자체도 '찬란한 은총'으로 달리 보이기 시작하였다.

어떤 음성의 인도를 받아 자신의 삶의 방향을 정하고, 내적인 대화 상대가 누구인지에 따라 우리의 삶의 질은 결정된다. 자기 자신을 믿는 사람은 '철수야, 너는 할 수 있어. 더 어려운 일도 이겨냈잖아….' 라고 자신의 생명력과 의지에 말을 걸며 하루하루를 지탱해 나갈 것이다. 신을 믿는 자는 어려움이 닥칠 때마다 머릿속에서 그가 믿는 신에게 노움을 청하고 말을 걸 것이다. '하나님, 도와주세요. 혼자서는 제 능력으로는 도저히 버틸 수가 없습니다.' '중생에게 자비를 베푸소서.'라는 식으로 말이다. 불완전하고 나약한 인간인 우리는 이렇게 삶을 살아나간다. 미소가 눈부셨던 여배우 최진실은 그런데 왜 죽음의 길을 택했을까. 어떤 어둠의 소리에 흔들려 생명을 버리는 길을 택했을까. '죽으면 편해질 거야. 고통이 끝나. 이게 멋지게 사라지는 거야.' 라는 목소리들이 너무나 강하게 들려왔을 때, '너를 사랑하는 사람들을 기억해. 너는 언제나 귀한 존재야. 사랑받기 위해 태어난 사람이야. 삶은 생명은 무조건 살아내야 해….'라는 생명을 북돋는 소리들은 미약해지지 않았을까.

누구와 내적인 대화를 진행하며 삶을 살기로 선택하느냐는 한 개인의 머릿속에서 노선이 정해지는 것이기 때문에 신이 우리에게 부여한 자유 의지에 그 선택권이 남아 있다. 자유 의지는 준엄한 결과를 내포하고 있기에 어느 특정 순간의 내 마음과 욕망이 가는 대로 삶의 중요한 노선들을 선택할 수는 없다. 선택의 준엄한 결과에 대해 알게 된다면 '자유 의지'라는 말 자체에서 우리는 전혀 '자유롭지 않음'을 느끼면서 전율할 것이다. 거짓의 담론들에 휘둘릴 것인가. 생명을, 진리를 찾으려는 내면의 숨겨진 갈망을, 그 미세한 음성을 살려서 귀한 삶을 살 것인가는 여러분의 몫이다.

2013. 8.

거지 여인 쫓아내기

어제는 오랜만에 돌아가신 아빠가 나오는 꿈을 꾸었다. 그렇게라도 볼 수 있는 것에 기쁜 것인지 아빠 얼굴이 잠깐이라도 비친 꿈을 꾼 날 아침은 왠지 기분이 좋고 좋은 일이 생길 거 같고 오늘은 살 만할 것이라는 생각을 한다. 생전에 '사랑한다'라는 한 마디 말씀은 없으셨지만 언제나 내 삶을 사랑으로 축복해주던 아빠의 시선, 그 시선에 대한 생생한 기억이 떠올라 '나는 귀한 딸이야, 귀한 삶을 살아야 해'라는 다짐을 계속 되풀이하게 된다. 사실 어제는 이번 학기말 시험을 치르는 날이었다. 선생인 나는 내 마음대로 시험 문제를 내고 '가볍게' 시험 감독을 하고 돌아오면 되는 날이었는지도 모른다. 그러나 프랑스어 원서로 된 문법 책 반 권을 소화해야 했던 이번 학기 '문법 강의'는 나에게도 학생들에게도 쉽지 않았던 수업이었다. 특히 학점에 무척 예민하여 B 학점조차 용납 못 해 일부러 C를 받고 재수강을 원하는 학생들이 많다는 서울대 학생들인 만큼 시험 출제도 공정한 평가가 이루어지도록 여러가지로 고려를 많이 해야 했다. 며칠을 출제하면서 나 또한 입술이 부르트고 잠을 설쳤다. 남편은 "출제자가 이렇게 괴로워하며 시험 문제 내는 거기 정상이야, 무슨 대학 기말고사에 집안이 한딱거리 한 거 같아….”라고 놀려 대었다. 어젯밤에는 ‘우리 학생들, 밤새우겠구만’ 하고 생각하며 새벽녘 잠을 몇 번 깨었다. 난 정말 오버쟁이 선생이다. 학생들은 많은 시험 범위에 그냥 포기하고 놀았을 수도 있고, 내 과목에 별로 신경을 안 쓸 수도 있을 텐데 말이다.

결론적으로 나의 미숙함 때문인지 시험지는 장장 5페이지나 되었고 시간도 거의 2시간에 걸쳐 보게 되었다. 한마디로 구석구석 시험 문제를 거의 다 낸 것이며 수업 시간에 열심히 듣지 않았으면 프랑스어권 나라에서 10년 넘게 산 J도 답을 못할 만큼 어렵게 내게 되었다. 학생들은 괴로워하며 2시간 고군분투하였다.

시험지를 걷은 후 집으로 돌아오는 길, 우연히 버스에서 수업 학생인 Y를 만나게 되었다. Y는 그동안 시험 때마다 완벽한 답안지를 내는 가장 우수한 여학생 중 하나이다. 그러나 늘 초조해하고 불안해하는 눈빛이 있어 중간 시험지를 나누어 줄 때 Y의 시험지 귀퉁이에 그만 나는 다음과 같은 코멘트를 쓰고 말았다.

‘배운 내용을 완벽하게 이해했군요. 이제 고급 문법을 공부할 땐 좀 더 즐겁게 문법과 의사소통의 관계를 생각해보면서 재미있게 공부하도록 해요~’라고 썼다.

그 기억을 떠올리며 종강한 홀가분함에 우리는 잠깐 이야기를 나누었다. 그런데 Y 역시 내가 중간 시험지 위에 적어준 그 코멘트를 떠올렸나 보다. 중간 시험지에 적어준 내 몇 줄의 글들이 자기가 늘 고민하던 문제들을 정확하게 이야기하고 있어서 놀랐다고 말하였다. 그러면서 갑자기 우는 것이 아닌가. 나는 꼭 안아주었다. 난 학생들만 보면 안아주고 싶다, 덩치에 상관없이 남자 여자 상관없이. 학교 내의 '성희롱 상담소'가 만든 교수 강사들을 대상으로 한 동영상 강좌를 보면 그러면 안 된다는데 ….

그녀는 너무 지쳐 있었던 것이다. 늘 경쟁에 시달리고 더욱더 우수해야 한다고 말하는 주위의 압박 속에서 지금까지 과속으로 달려와서 입시 지옥의 승자가 되어 서울대에 입학하였어도 배움은 기쁨이 되지 못하였다. 지식은 언제나 급히 소화해서 좋은 평가를 받거나 자격증으로 인도하는 것이고, 좋은 스펙을 갖고 다음 단계의 진로를 준비하는 수단 일 뿐이었다. 늘 불안하고 쫓기고 그러면서 행복하지 않은 그런 마음으로 이 추운 겨울, 대다수 젊은이들이 선망하는 이 예쁜 서울대 여학생은 펑펑 울었다. 나는 말했다.

> "Y야. 앞으로 연애도 하고 직장도 갖고 결혼도 하고 아기들도 길러야 하는데 언제나 이렇게 초조하고 경쟁에 쫓기는 마음으로 살 수는 없잖니, 우리는 먼 길을 가야 한단다. 그렇다면, 이왕이면 '평화로운' 마음으로 가야 해. 자신이 평화로우면 주변 사람에게 그 마음이 전해져. 공부도 사람들도 그런 마음으로 만나야 해…. 그래야 오래 갈 수 있어…. 너보다 우수하지도 않아도 지금 당장 '쓸데없는' 다양한 책들을 읽고, 강의 때도 정답을 찾는 게 아니라 삐딱하게 생각해보고 시시껄렁한 질문도 교수한테 던져보는 그런 학생이 있다면 그 친구는 당장은 학점이 안 좋아도 지식을 즐겁게 만

나고 있을지 모르고 그런 자세는 공부를 하는 데 필요해."

내릴 정류장이 되어서 어쨌든 난 Y에게 남은 시험 잘보고 기말 잘 마무리하라는 말을 하고 헤어졌다. 깊은 대화를 하고 나면 즐겁든 슬프든 잔상이 오래 남는다. 시험 출제 때문인지 한 학기가 거의 끝났다는 사실에 긴장이 풀어져서인지 어쨌든 나는 집에 기진맥진 돌아와 초저녁부터 잠을 잤다. 그런데 아빠 꿈을 꾼 것이다….

내 꿈은 개꿈일지라도 늘 이야기의 구조를 갖고 있다. 어제도 마찬가지. 꿈에서 나와 엄마가 집에 있었는데 우리 집 대문 바로 안쪽에 어떤 거지 여자가 들어와서 바닥에서 먹고 자고 하는 것이었다. 엄마가 불쌍하다고 들어오게 했다는 것이다. 우리 집 생활에는 피해를 안 주니 그냥 마당 한 귀퉁이만 차지하게 해달라고 해서. 꿈속 상황은 아빠가 곧 집에 오실 참이었다. 난 거지 여인을 쫓아내야 한다고 엄마에게 화를 내며 말했다. 어떻게든 저 여자를 쫓아내야 한다고. 그리고 그 여자에게 말했다. 빨리 우리 집에서 나가라고. 그 여자는 다소 뻔뻔한 표정을 지으며 못 나가겠다고 버텼으나 결국 나는 그 여자를 대문 밖으로 쫓아내고 말았다. 난 잠에서 깨어났다.

물론 내 꿈은 개꿈이다.

그러나 내가 '인위적으로 무의식으로 조작' 해서 꿈의 스토리를 만들지 몰라도 언제나 꿈 밖의 나의 삶과 연결되면 꿈의 이야기는 내게 의미를 준다. 어제의 '거지 여인' 은 나의 낮은 자존감이었다. 어쩌면 나의 학생 Y의 자존감. 우리가 모르는 새 용인하여 집에 들여놓은 어떤 어둠. 뻔뻔하고 질기게 우리 마음에서 나가지 않은 채 줄기차게 우리의 건강하고 깨끗한 내면을 뒤흔들어 놓으며 자기 자신에 대해 회의하게 하는 어두운 생각 덩어리들.

아빠는 이 세상에 단 하나뿐이었던, 나의 모든 것을 믿어주었던 시선이었다. 나의 재능과 미래를 낙관하고 자랑스러워하셨던, 그런 아빠의 커다랗고 깊은 눈동자. 그 사랑의 시선에 대한 기억이 쇠잔해지는 순간은 언제나 나 자신의 미래와 인생에 대해 자신감이 약해지는 순간이었다. 어제의 꿈에서도 끈질기게 우리 집 대문 밖으로 나가려고 하지 않는 거지 여인을 집으로 돌아올 아빠를 떠올리며 더 급하게 밖으로 쫓아낼 수 있었다.

아빠의 시선을 기억하며 나는 이 아침, 또 미래를 낙관하려 한다. '다시 또다시' 를 외치며 내가 쫓아내었던 거지 여인의 뻔뻔한 눈빛을 떠올려본다. 그 여인은 불쌍해서 도와주어야 하는 그런 차림새가 아니었다. 오히려 내가 혼란스러워하고 절망할 때마다 고소해하는 듯한 약간 '악마적' 인 어둠을 표상하는 무엇이었다. 나는 그녀와 대면하였고 그녀를 추방하였다. 내가 더 지혜롭고 기운을 차리면 나는 이런 생각들을 정리해서 Y에게 말해 주려 한다.

"Y야, 지금까지 너무 힘들었지. 그러나 맘을 자유롭게 하렴. 좋아하는 일을 찾고 높은 주변의 기대에 휘둘리느라 늘 쫓기며 살지 말렴. 자신을 늘 다독여주고 네가 얼마나 예쁘고 성실한지 얼마나 귀한 사람인지 늘 기억해야 해." 2013. 12. 12.

아침 책 읽기

나는 매일 6시 전에 일어난다. 처음에는 집에서 멀리 떨어진 학교에 다니는 딸아이의 등교를 준비시키기 위해 시작된 습관이었으나, 자투리 시간에 책도 읽고 글도 쓰기도 하다 보니 머리가 맑은 아침 시간에 얼마나 많은 풍요로운 에너지가 숨어 있는지 알게 되어 방학에도 주말에도 언제나 6시 전에 일어나는 습관을 갖게 되었다. 신앙인인 나는 우선 기도와 말씀을 읽는다. 그러나 요즘은 맘 놓고 책을 읽기로 했기 때문에 솔직히 책이 더 관심사이다. 사실 안팎으로 마음이 무너져 내리는 일이 많아서 요즘은 구원을 기다리는 여인처럼 갈급한 마음으로 책을 읽는다. 안 좋은 생각이 나면 맘속의 그것을 잠재우느라 책을 읽고, 아이 유치원 버스가 오는 시간을 카운트 다운하면서 초를 재는 심정으로 책을 급하게 읽기도 하고, 먹잇감을 찾아나서는 동물처럼 배고픈 위를 채우고자 한다. 우선 나는 왜 이리 읽고 있는가.

얼마 전 이런 구절을 읽었다. 프랑스의 철학자 몽테스키외의 말이란다.

'나는 한 시간의 독서로도 위로 될 수 없는 슬픔을 알지 못한다.'

이 문장을 읽으면서 나는 내게 쓸쓸히 말하였다. 이것은 '슬픔을 잊기 위한 독서 방법'이라고 이름붙일 수 있겠구나. 이것은 생각하지 못하였던 건데. 나도 이번 여름은 이것을 하면서 살아남아야겠구나.

슬픔을 이기려 독서를 한다고 하면 '그 사람 팔자 좋구나' 라는 비아냥을 먼저 할지 모르겠다. 슬픔 극복 한번 고상하다 하며 코웃음을 칠지 모른다. 그러나 우리가 살면서 각기 다른 삶의 질곡을 만나고 삶의 십자가를 지는 것처럼 그것을 감당하고 견디는 방법조차 사람마다 다른 것 아닐까. '나의 슬픔'과 '나의 일어섬'은 '너'와는 다른 것이다. 사실 나는 지난 봄부터 친언니의 죽음을 대기하고 있다. 마흔여덟인 나의 언니는 암이 온몸에 퍼져 하반신조차 마비된 채 병원에서 죽음을, 죽음을 넘어서는 기적을 기다리고 있다.

큰언니가 내게 누구던가. 나보다 8살 많은 큰언니는 내 최고의 친구이며, 아리따운 젊은 엄마 같은 사람이지 않았던가. 의식도 없이 온몸에 암이 퍼져 몸이 점점 마비되어가는 언니를 병문안하고 오면, 나이 드신 엄마는 휘청휘청 걸음도 잘 못 걸으시고, 젊고 건강한 나조차 손가락 하나 들 기운이 없다. 집까지 겨우 와서 몇 시간이고 '죽음과 같은 잠'을 잔다. 그런 언니를 매일 매일 간호하는 철희이모와 형부 볼 면목도 없지만 최근 몇 년 동안 '고난의 융단 폭격'을 맞고 있는 나는 '나 살려고' 요즘은 병원도 자주 못 간다. 아이가 이제 6살인데 나 없으면 아무것도 못하는 '동물' '내 새끼'라서 나는 포유동물 모성 근성을 요즘 발휘하고 있다. 영양제를 왕창 챙겨 먹고 밥도 억지로 뜬다. 2년 전 아빠가 돌아가실 때 알게 된거지만, 자신과 가장 가까운 이들이 죽음과 대면하는 몇 개월이나 몇 년의 시간 동안 우리는 비슷한 시간대를 경험하게 된다. 그들이 지금 사투를 벌이는 시간, 그들을 오래 사랑해왔던 우리의 마음 한구석도 죽음과 싸우던가 죽음을 준비하게 된다. 그러는 과정에 삶의 기쁨은 떨어져 나가고 엄청난 피로함이 몸과 마음을 덮친다. 살아가야 할 책임이 있으니 또 지키고 돌봐야 할 다른 가족이 있으니 이 힘든 시간을 견딜 방법을 찾아야 한다. 그게 내겐 요즘 '책읽기'이다. 대단한 책을 읽는 것은 아니고 틈만 나면 닥치는 대로 읽기. 그래서 생각, 슬픔 멈추기.

여름 방학에 들어가면서 '슬픔을 이기기 위한 나의 독서'는 점점 강도를 더해간다. 잠이 부족한지 순간순간 깜박 잠이 들어 아이 마중을 나가지 못해 유치원버스가 다시 유치원으로 돌아간 일도 발생했다. 그래도 나는 '나 살려고' 이 방법을 계속 하고 있다. 우선 생각이 없어진다. 생각을 하면 나는 오만가지 근심에 빠진다. 책으로 들어가 타인의 삶을 관찰하고 그들이 말하고자 하는 삶의 골수를 담은 문장 하나만이라도 만날 수 있다면 오늘 하루는 또 견딜 만한 것이다. 이 시간이 반복되다 보면 내 삶의 에너지가 다시 탄력을 받고 나는 아이 엄마로서 학교 선생으로서 밝은 미소와 튼튼한 다리로 설 수 있으리라. 책읽기는 쉬고 긴장을 풀면서 지금은 기운이 없어 들어가고 싶지 않은 세상에, 상처받지 않는 보호복을 입은 채 간접적으로 들어가는 방법이기도 하다. 아직 젊고 애도 키워야 하는데 세상과 완전히 고립된 채 은둔하는 것은 불안하므로 '책 읽으며' 나는 미래를 노리고도 있는 셈이다. 자꾸만 자꾸만 책읽기의 끝엔 뭔가 있을 것 같다. 위로와 다시 일어서는 에너지, 속도와 효율, 미친 테크닉의 세상에서 조용하고 은근하게 어디선가 피어날 '가짜 아닌' 목소리. 나는 그걸 믿고 싶다. 내면에서 요동치는 뭔가를 아직 알 수는 없기에 나는 일단 책을 읽으며 아침을 보낸다. 읽다가 불현듯 쓰고 싶은 맘이 나면 이렇게 짧은 글을 쓴다. 더 정확히는 읽다가 머리가 완전히 맑아지면 '일단 앉아' 글을 쓰고자 하는 마음을 만든다!

어떤 책을 읽는가. 오늘은 이걸 말하려고 글을 시작하였다. 내가 생각하기에도 내가 책을 선택하는 방법은 좀 터무니없기 때문이다. 한 가지 할 수 있는 변명은, 이런 '무식한' 방법에 이르기까지 나의 독서 경력은 한글을 알게 된 후부터 쭉 너무나 자발적이고 성실하였고 20대 이후에는 '학문'을 위한 공부 독서였다는 거. 한 마디로 다해보았으니 가장 단순한 어린애 같은 방법으로 다시 돌아온 거라고나 할까. 자, 나는 '그날의 책'은 어떻게 고르는가.

우리 집 마루는 큰 소파나 텔레비전과 텔레비전 위의 가족사진 대신 양쪽 면이 모두 책장으로 채워져 있다. 아침 기도와 묵상이 끝나고 나면 나는 마루를 왔다 갔다 하면서 양쪽 벽의 책장을 시선으로 훑는다. 그럼 언제나 눈에 들어오는 책이 있다. 옛날에 읽은 책도 있고, 헌책방에서 사다 놓고 미처 못 읽은 책들도 있다. 그런데 그 중에 한두 권이 내게 말을 거는 착각마저 든다. '오늘 읽어 달라고.'

나는 책들을 만지기도 하면서 그런 책 중 하나를 밭에서 무우 뽑듯이 뽑는다.

대형 서점이나 헌책방, 도서관이나 동네 마을문고 에서도 이 방법은 거의 비슷하게 적용된다. 서가 사이를 걸어 다니며 눈으로 제목과 저자를 훑고 내게 말을 거는 책을 '잡기!'

요즘의 독서는 '슬픔을 이기기 위한 독서'이다. 어제도 오늘 아침도 나는 이런 방법으로 책을 고르고 틈이 날 때마다 책을 읽어나간다. 3일 전에는 제행무상이나 무아를 가르치는 불교 서적들을 읽었다. 이틀 전에는 유명한 자기계발서들을 잔뜩 쌓아놓고, 목표를 갖는 것, 시간을 활용하는 법 등에 대해서 메모하며 읽었다. 어제는 그런 세상 사는 기술은 뒤로하고 동네 도서관 서가를 왔다갔다하다가 두 권에 시선이 꽂혔다. 하나는 안효숙의 『자꾸만 살라고 한다』와 신달자의 『나는 마흔에 걸음마를 배웠다』 이다. 평소에는 눈길조차 안가는 전혀 관심이 없는 종류의 책이다. 그냥 두 권이 어제 하루 독서의 몫 같았다. 지금 내 영혼에 필요하고 내 에너지를 끌어올리는 어제 하루의 책인 것 같았다. 또 그렇게 책을 골랐고, 두 권의 책 모두 어제 하루 몫의 생기와 위로를 선사했다. 오늘 아침, 나는 또 그렇게 책을 꺼내 들고 있다.

2014. 6. 30.

3부_믿으며

†러시아의 고독한 순례자, 나의 기도

나는 어려서부터 독실한 기독교 집안에서 컸는데 이상하게도 고요한 사찰의 분위기, 불교의 선과 명상에 늘 이끌린다. 교회의 통성 기도 방식과 열광적인 찬양이 가끔 부담스러웠던 기억이 난다. 나에게 늘 신앙은 아주 조용하고 내밀한 방식으로, 신과 나누는 조용한 대화의 형식으로 호흡처럼 존재한다. 특히 기도할 때, 나는 침묵을 택한다. 마음과 머릿속에는 물론 언어화된 기도가 진행되고 있지만, 음성으로는 발화하지 않는 방식으로. 그러나 기도의 내용은 내가 늘 비판하였던 한국 성도들의 전형적인 기복 신앙과 그 기도 방식, '~ 해주세요. ~하게 해 주십시오'류로 끝맺음을 하는 개인적인 소원과 바램, 신의 도움을 갈구하는 범위를 넘지 못하고 있었다. 나의 영혼은 뭔가 다른 기도 방식을 오랫동안 갈구해왔던 것 같다.

어느 날 나는 오강남이 편역한 『예수의 기도』라는 책을 읽게 되었다. 역자의 소개를 따르면 이 책의 원저자는 알려져 있지 않다. 이야기의 내용으로 보아 1880년대 후반 러시아의 어느 시골 청년이 쓴 것이라는 것만 짐작할 수 있다. 역자의 소개를 여기 인용해보는 것이 좋겠다.

이름을 알 수 없는 이 주인공 청년은 교회에 갔다가 사도 바울이 데살로니가 교인들에게 쓴 편지에 '쉬지 말고 기도하라'는 말을 했다는 이야기를 듣고 이것이 화두처럼 마음에서 떠나지 않게 되었습니다. 어떻게 하는 것이 쉬지 말고 기도하는 것인가를 알기 위해 여러 교회를 찾아다니며 물어보았으나 그것을 속 시원하게 말해주는 사람을 만나지 못하였습니다. 그는 이 기도가 어떤 것인가 알아보려는 마음을 억누를 수가 없어 어디든지 가서 알아보려고 결국 순례의 길을 떠나게 됩니다. 그때에 그의 나의 20세였습니다.

다행히 순례 길을 떠나 곧 어느 큰 스승님을 만나 '쉬지 말고 기도' 하는 것이 바로 '예수의 기도' Jesus Prayer를 실천하는 것이라는 사실을 깨닫게 됩니다. 그때부터 34세까지 14년을 떠돌아다니며 '주 예수 그리스도, 제게 자비를 베푸소서'라는 말을 쉬지 말고 마음으로 되풀이하는 이른바 '예수의 기도'를 외우면서 말할 수 없이 큰 기쁨과 안위를 받는 체험을 실감 나게 서술하고 있습니다.[9)]

간단히 말해 이 책은 이름을 알 수 없는 어느 러시아 청년이 '주 예수 그리스도여, 제게 자비를 베푸소서'라는 간단한 기도를 되풀이하면서 여행을 하는 여정을 기록한 것이다. 그가 가진 것은 등에 메는 배낭 하나와 마른 빵 몇 개, 성경 책 한 권이 전부이다. 그는 추우나 더우나 '주 예수 그리스도여, 제게 자비를 베푸소서'를 반복하면서 숲길 수십 킬로를 걸어가며 허기가 지면 마른 빵 부스러기를 먹으며, 마을을 지날 때면, 마른 빵 한 봉지와 소금 한 줌을 부탁해서 다시 길을 떠나 다시 수십 킬로를 걸어가는 여정을 계속한다. 그는 때로 동상에 걸리기도 하고, 강도나 늑대를 만나기도 한다. 그는 왼팔도 못 쓰는 장애인이다. 그러나 가진 것 하나 없는 자신에게 불행이 닥칠 때조차도 불평함 없이 언제나 자신의 보잘것없음과 미련함을 탓할 뿐이다.

어떤 책을 읽으면, 필자의 내면을 깊이 느낄 수 있는데, 이 책은 원필자인 이 무명의 순례자의 러시아말로 안 읽었어도 우리말 번역이 잘 된 까닭인지 필자의 영혼이 너무나 강하게 느껴진다.

이미 헨리 나우엔을 비롯한 많은 기독교 신학자들도 언급한 것처럼, 이 '예수의 기도'는 우리나라의 화려한 대형 교회들과, 시끌벅적한 행사들, 교회의 권력화와 자본화로 인해 점점 잊혀져 가는 기독교 영성의 본질이 무엇인지 성찰하게 해준다. 또한, 불교의 만트라처럼 되풀이하는 과정을 거칠 때, 우리 안의 자의식의 경계가 사라지고, 기도 자체에 몰입하는 체험을 하게 된다.

나는 이 책을 통해 알게 된 '예수의 기도'가 내 영혼에 딱 맞고, 편하며 오래전부터 기다려왔던 그런 기도 방식임을 알아차렸다. 나에게 '예수 그리스도'는 돈과 권력 같은 세상의 헛된 질서를 전복하는 메시지를 가지고 오신 분이다. 따라서 기도할 때 '예수 그리스도'를 조용히 부르고 그를 묵상하는 것만으로도 그분이 제시한 모든 가치, 예를 들어 사랑과 청빈, 연대, 구원, 십자가 등의 가치들에게로, 무지한 나의 영혼이 그 방향들을 바라보게 되는 길로 이끈다.

또 '자비를 베푸소서'라는 부분에서는 믿음은 일종의 선택행위라는 것이 표현된다. 신을 믿기로 선택하였다면, 내 모든 사정을 아시는 분에게 모든 자질구레한 일상과 감정과 소원을 나열할 필요는 없을지도 모른다. 다만, 우리는 몹시 약하므로, 무력함을 인정하며, 그분의 자비를 구할 뿐.

또한, '예수의 기도'를 이 책에서 실천하는 무명의 러시아 청년의 소박하고 진실한 영성은 나에게 어느 성인이나 사제보다도 귀하게 다가왔다. 책을 읽고 부터 주인공인 그 이름 없는 순례자가 걷는 이미지가 머리 속에 자주 떠오른다. 연이어 밥벌이의 문제와 내 아이, 내 가족에 대한 걱정에서 벗어나, 진실하고 소박하게 절대와 본질을 향해 걷는 어떤 여정에 동참하는 착각에 빠져들기도 한다.

그래서 가끔 그 순례자를 그리며 나는 같이 걷는다. 그는 왼쪽 팔을 못쓰고 헐벗었고, 나는 마음이 텅 빈 상태로 발을 질질 끌면서 걷고 있다. 어느 퇴근길 저녁, 나의 몸은 복잡한 지하철 인파에 섞여 있을지라도, 나의 마음은 19C 후반에 살았던 이 겸손하고 맑은 영혼, 이 이름 없는 순례자를 만난다. 그와 교우하고 있다.

2011. 1.

하나님 당신의 방법으로

사람마다 힘을 얻는 방법이 있을 것이다. 자신의 힘에 부치는 어려운 일을 계속해야 할 때 버티는 저마다의 노하우.

내가 힘을 얻는 방법은 나에게 영감과 용기를 북돋우는 단어나 구절을 하얀 노트에 연필로 꾹꾹 눌러 써놓고 한참을 들여다보는 것이다. 요즘은 아이 둘을 키우느라 나의 시간과 공간을 확보하기가 어렵고 또 전공 서적이나 학회에 논문을 투고하는 것과 강의를 준비하는 일들과 같은 내 직업상 반드시 해야 할 일들조차도 해내기가 너무나 벅차다. 집안일과 육아, 학교 일 어떤 것에도 자신감이 없고 무력하기만한 느낌을 매 순간 맛봐야 하는 스트레스란…. 급한 집안일을 하고 있으면, 예를 들어 빨래를 널고 있으면 빨래를 든 내 손에서 빨래가 빠져나가는 느낌이 든다. 어렵게 밥을 해서 내놓으면, 독설가인 일곱 살 내 딸은 "괜찮아, 엄마, 그냥 먹을게…. 근데 엄마, 엄마는 여자인데 왜 요리를 못 해?"라고 말하며 속을 뒤집어 놓는다. 하다못해 시장을 봐도 계산원이 '고객님, 포인트 카드 있으세요? 캐쉬백 적립해 드릴게요'라고 할 때 머리가 어지러울 정도이다. 이런 현기증은 옛날부터 있었는데 패스트푸드점에서 줄을 섰다가 내 차례가 되면 늘 가슴이 두근거리고 머리가 어지러웠다! 캐쉬백이 뭔지도 모르겠고, 포인트 카드는 있는 것 같기는 한데 빨리 꺼내지도 못하겠고, 좋아하는 빵집에 가도 '할인 카드는 없으세요?' 라는 질문에 늘 고개를 젓고, 요령껏 할인 혜택을 받지 못하는 자괴심 때문에 어느 날 나는 그 모든 혜택은 자본주의 사회가 더 미친 듯이 소비하도록 해놓은 사탕 같은 것이라고 정리하고 거기에 휘둘리지 않고 꿋꿋이 살기로 마음을 먹었다!

그렇다면, 학교 일, 직업상의 업무들을 잘 처리하는가 자문해보면 이것 역시 영 자신이 없다. 마감 시간이 코앞인 논문을 쓰고 있으면, 내가 과연 공부를 한 사람인가 싶을 정도로 논리적인 언어와 구성이 어색하여 책장만 넘기다가 부랴부랴 딸 통학 버스를 마중 나가러 뛰어나가곤 간다. 강의 시간에 문을 열고 들어가기 전 언제나 2~3초 잠시 현기증을 느낀다. 그러면서 '도대체 내가 무엇을 가르칠 수 있을까?' 급 자문해보면서 눈이 초롱초롱한 이 청춘들에게 유익한 강의가 되길 기도하는 간절한 마음을 거친다. 나는 언젠가 파머Parker J. Palmer의 책 『가르칠 수 있는 용기』를 '제목' 을 읽으려고 샀다. 책꽂이에 꽂힌 그 책 제목을 볼 때마다 학생들을 향한 나의 사랑이, 내가 그들을 가르치기 위해 끌어모으는 용기가 언제나 마르지 않고 샘솟기를 바라면서.

별로 사생활 이야기 하는 것을 싫어하기에 내부 사정을 모르는 주변 사람들은 '너무 대단하세요. 아이 둘에 일까지….' 라는 류의 말들을 늘어놓지만 내가 일상의 많은 순간 느끼는 긴장과 간절함을 눈치 못 채신 말씀들일 뿐.

어쨌든 나는 아슬아슬 주변 사람들의 도움을 받아가면서 아이도 키우고 일도 하면서 살고 있지만 늘 '상습적인' 무력감에 시달린다. 그러나 나는 쉽지 않았던 20대와 30대를 거쳐 오면서 무력해질 때 어떻게 다시 용기를 얻을 수 있는지를 터득하였다. 세부 전략은 무력함과 좌절감의 종류와 강도에 따라 여러 가지로 나뉘지만 큰 방향은 물론 딱 하나이다. 크리스천이니 물론 나의 영원한 '빽'은 하나님께 기대는 것. 그러면서 가장 즐겨 쓰는 방법은 그분과의 대화를 써보는 것. 예를 들어 힘이 몹시 들 때마다 연습장 귀퉁이나 읽고 있던 책이나 다이어리에 뭔가를 써 놓는다. 요즘 써 놓는 구절은 딱 한 줄 '하나님, 당신의 방법으로!'[10] 이 글자를 보면서 나는 일종의 명상이면 명상, 기도라면 기도에 가까운 몇 분의 상태를 거친다. 말이 거창하지만, 간단히 말하면 이것을 써놓고 '멍하니' 한참 보고 있다. 그리고 다시 산다. 즉 하던 일을 계속하는 거지요!

나의 능력과 나의 방법으로는 일상의 업무도 제대로 처리할 수도 없고 감정 하나도 정리가 안 되는 것을 20대와 30대를 거쳐 체득한 나는, 온전히 무기력함을 인정하는 법을 배웠다. 그래서 '하나님 당신의 방법으로'를 연필로 꾹꾹 눌러 여러 군데 써 놓고 본다. 이것이 내가 땅끝까지 처져 있고 무기력할 때 꿈틀꿈틀 다시 일어서는 나만의 노하우이다. 요즘의 처세술과 자기계발서 광고를 보면 자신감의 중요성을 강조하고 확신과 설득의 기술을 가르치려고 야단이다. 나는 자신감에 넘치고 덧붙여 이를 더욱 어필하려고 하는 사람을 만날 때마다, 웃음이 나온다. 그들이 가진 자신감의 근거와 착각은, 그들이 미래의 어느 순간, 자신과 타인에게 좀 더 진실해지는 순간에는 연민의 대상이 될지 모른다.

삶을 사는데 가장 효과적인 기술이란 게 있겠는가? 그냥 타고난 대로 살고, 진실하게 살면서, 힘들 땐 도움을 청하면 된다. 누구에게? 지인이나 신에게….

오늘도 딸이 오기까지 남은 두 시간의 시간, 늘어져 있고 싶은 몸을 달래며 초콜릿을 마구 씹어 먹으면서 컴퓨터를 켜고 급한 원고 교정을 보기로 한다. 모레면 추석이고, 병약하신 아버지 모습이 떠오르고 처리할 공과금에 세탁소 맡길 옷들 등 머릿속이 어지럽고 복잡하지만 잠시 다 잊기로 한다. 그리고 피로함과 무력감이 또 엄습할 것 같아 유리창을 뚫어지라 보면서 그 위에 마음속으로 글을 쓰고 있다. '하나님, 당신의 방법으로'라고.

2010. 9.

† 뒤집어 살기

어린 시절 나는 계몽사에서 나온 세계 위인전집 15권을 늘 읽으며 살았다. 어찌나 재미있고 멋있었는지 그 시절 외우다시피 읽었던 영웅들의 삶. 예를 들어 퀴리 부인, 링컨, 에디슨, 간디, 케네디 등.

어린 시절 나의 영웅이었던 젊은 미국 대통령 케네디가 소문난 바람둥이였다는 사실을 미용실의 어떤 잡지에서 읽고 중학교 때 펑펑 운 기억이 난다. 프랑스에 유학 가서 나는 퀴리 부인이 살았던 집 앞에 가서 '일종의 묵념'을 하고 왔다. 가난한 폴란드의 유학생인 '마리'가 남성의 전유물이었던 과학 분야에서 인류에 길이 남을 과학자가 되기까지 그녀가 겪었을 모든 것에 경의를 표하면서, 어리바리 유학생인 나도 그녀를 조금이나마 닮기를 소망해보면서 나는 그녀가 살았다던 집 주변에서 오랫동안 산책을 하였다.

이렇듯 '위대한 인물'들에 대한 나의 존경심은 유별나서 내 인생에서 실제로 만난 친구나 선배, 연인들을 결정할 때도 작용할 정도이다. 나를 매혹시키고 가슴 뛰게 하는 사람은 언제나 남녀노소 불문하고 환경을 뒤집은 사람들이다. 예를 들어 강남 부잣집 외동딸로 태어나서 불문과를 나와 프랑스로 유학 간 이야기는 그저 평범한 이야기지만, 경남 산골의 읍도 안 되는 마을의 일곱째 딸로 태어나서 대학시절 내내 과외해서 고학하고 프랑스로 어렵게 유학을 가서 박사논문을 쓰는 이야기는 나를 눈물 나게 하며 해당 인물을 흠모하게 한다. 예를 들어 오스트리아의 공주로 태어나 프랑스의 왕비가 된 마리 앙뚜아네트가 빵을 달라고 외치는 프랑스의 군중을 향해 '저들은 참 이상하네…. 빵이 없으면 과자를 먹으면 되지'라고 말했다면 그녀는 내게 자신이 자라온 계급과 환경을 하나도 뛰어넘지 못한 지독히 평범한 여자로 읽히기 때문에 하나도 흥미 없는 인물이 된다. 심지어 분노마저 일으키지 않는. 출생과 성장의 배경이 그런데 평범한 여자라면 그 정도로 말하는 게 당연하지 않는가?

역사상 가장 판을 크게 뒤집은 분은 물론 예수 그리스도.

일종의 지독한 편견일 수 있으나 어쨌든 나는 인간 정신의 위대함과 강인함이 무언가의 벽을 뛰어넘은 스토리에 늘 열광한다. 내가 사랑하는 인간들은 그런 강성을 지닌 독종들. 환경을 뒤집고, 갈 수 있는 편한 길, 뻔한 길을 뒤집어서 어려운 길을 선택하여 가는 사람들.

우선 우리 박목사님.

우리 목사님은 찢어지게 가난한 집에서 태어나, 4형제 중 유일하게 대학을 나왔고 그것도 좋은대학을 나왔으니 대기업에 취직하는 길을 택하였어야 하나, 그는 대학을 마치고 다시 신학 대학을 들어가 목사가 되었다. 목사가 되었으니 이왕이면 대형교회의 월급 꼬빅꼬박

나오는 부목사로 들어갔으면 좋았으나 짜안! 또 뒤집기. 그는 가난한 선교사가 되어 중국으로 떠났다. 중국에서 방석 세 개를 놓고 첫 예배를 드렸으나 지금은 수백 명을 이끄는 목사님이 되셨다. 중국 하얼빈의 목사님 사무실에 들어갔을 때 책상 위에 붙어 있었던 액자에는 '목양일념牧羊一念'이라고 써있었다. 믿음이 뭐기에 저분은 편한 길을 마다하고 영하 40도가 넘는 혹한이 4개월 이상 되는 동토에서 상해 임시정부를 이끄는 김구 선생님 같은 미소를 보이며 사는 것일까. 난 마음이 아득해졌다.

심지어 나는 12살 조카 장운이를 같은 이유로 몹시 존경하고 사랑한다. 장운이의 부모는 가난한 선교사, 중국에서 유치원을 나왔고 사교육 한 번 받아보지 못한 장운이는 봉천동에 살다가 올해 강남으로 전학을 오게 되었다. 오자마자 반장으로 뽑히고 공부도 잘하는 것을 보면 학원에 안 다녀도, 어머니가 어머니회장을 하지 않아도 살아남는 강성이 아직도 있다는 것에 세상 살 재미가 난다.

인생 전체를 뒤집은 영웅은 되지 못할 지라도 우리는 일상에서 매순간 작은 규모로 '판을 뒤집는' 선택을 할 수가 있고, 남들과는 다른 방식으로 살 수가 있다. 예를 들어 돈을 좋아하는 것은 우리의 강력한 본성과도 같은 것인데, 그 돈을 아무런 강제도 없었고 돌아오는 대가도 없는데 '거저 주는' 것인 기부행위 같은 것도 돈과 관련된 일종의 '필연적인 환경과 법칙'을 뒤집는 선택이고 행위이다. 텔레비전을 없앴다면 그것도 뒤집는 행위이다. 왜? 우리 사회는 끊임없이 영상이 쏟아지는 사회이며, 텔레비전이 없이 여가시간을 보낸다는 것은 상상할 수도 없는데, 집안에 텔레비전을 없앤다는 것은 세상과는 다른 방식의 여가를 보낸다는 것이기 때문이다.

예를 들어 나보다 권력이 많은 사람들에게 친절하고 예의 바르게 구는 것은 너무나 당연 평범하다. 그러나 아무런 권력도 없는 사람에게까지 더욱 친절하고 조심스러울 수 있다면 나는 좀 덜 뻔한, 좀 덜 평범한 사람인 것이다.

며칠 전 집 창문을 열어놓았는데 나는 우리 빌라의 경비 아저씨가 계단을 청소하는 아주머니에게 소리치는 것을 듣게 되었다. 그런데 그 말투와 욕설이 너무나 거칠어서 나는 깜짝 놀라 창문 밖을 보게 되었는데, 욕하고 소리친 사람의 얼굴을 확인한 순간 더욱 놀랐다. 그 아저씨는 평소에 친절하고 인사 잘하시기로 소문이 난 아저씨여서 아까 그 욕설을 퍼붓던 그 목소리의 주인공 이라고는 상상 할 수가 없는 분이셨기 때문이다. 나중에 알고 보니 우체부 아저씨나 배달하시분 모두 그 경비 아저씨가 어찌나 불친절하고 사사건건 심한 욕을 하시는지 우리 빌라에 들어올 때마다 스트레스를 받는다고 했다. 그러나 주민들 사이에서는 무거운 물건 잘 들어주고 주민들이 나갈 때마다 인사를 90도로 하셔서 오히려 과잉 친절이 부담스러운 분이셨다. 나는 그 아저씨의 강자에게 줄을 서고 아첨하며 약자를 향해 쥐꼬리만한 권력을 행사하는 권력의 속성을 넘지 못한 평범함에 질려, 그 실상을 알고 나서부터는 주민인 나를 향해 보여주는 친절함조차 달갑지 않았다.

물론 어려운 환경, 척박한 현실 속에서 우리는 '생존' 해야 함으로 저마다 처지에 맞게 '생존 기술'을 발달시켜, 그것에 맞추어 사람들을 대하고 시간을 보내고, 위기를 모면하며 삶을 지속시켜 나간다. 그래도 나는 철이 없는지 자꾸만 자꾸만 인간의 어딘가에는 '필연의 질서'를 뛰어넘는 위대한 속성, 천성적인 선함과 거룩함이 숨겨져 있을 거라고 믿고 싶다. 그러나 사실 세상은 '평범한' 사람들로 가득 차있다. 예를 들어 대학에서 만나는 학생들이 지나치게 평범한 모습을 보일 때 나는 힘이 쫙 빠진다. 자신의 가치를 탐구하지 않은 채 세상이 가지라고 준비하라고 제시하는 소위 실용적인 학문과 기술이나 어학 자격증들만을 기웃거린 채, 대학 입시의 터널에서 빠져나오자마자 도착한 대학에서도 배움을 즐거움으로 인식하지 못하고 스펙을 쌓는 통과 의례로 여기는 모습을 볼 때마다 나는 교사로서 마음이 아프다.

엘륄Jacques Ellul 식으로 말하면 이렇게 세상 대다수가 그 본성처럼 따라가는 길, '평범함' '필연의 법칙'의 반대말은 '비범함' '보통 이상' '비주류' 뭐 이런 단어들이 아니라, 한마디로 '자유함'이다. 눈앞에 보이는 세계를 믿지 않고 머릿속에 다른 소망을 가지는 것, 이기심과 탐욕, 폭력, 성욕 등 인간의 모든 본연의 욕망에 휘둘리지 않는 것, 세상이 제시하는 돈이나 기술과 같은 가치에 맹종하지 않는 것, 한마디로 세상을 이기는 것!

요즘 내 개인적인 차원에서 노력하고 있는 '뒤집는' 것, 세상으로부터 '자유하고자 하는' 시도는 인문학 서적 읽기이다. 대학에서 프랑스어를 가르치기도 하지만 현재 나의 가장 중요한 정체성은 7살 딸과 1살 아들을 둔 아기 엄마라는 점이다. 각종 육아잡지와 비슷한 또래를 둔 엄마들로부터 좋은 학원이나 이유식 만드는 정보들에 귀를 기울여야 하는 천상의 '조건'이다. 그러나 끊임없이 더 좋은 엄마가 못 되는 것에 대한 강박 관념에 시달리면서, 내 30대 40대의 인생을 보낼 수는 없으므로, 나는 세상이 제시하는 좋은 엄마 상을 '뒤집어서' 살기로 했다. 뭐 이것이 모든 것을 거부하며 히피처럼 산다는 것은 아니다. 아이들도 행복하고 나도 엄마이자 인간으로서 충만하게 사는 방법을 세상의 웅성거림 속에서만 찾지 않겠다는 개인적인 결심일 뿐. 내가 이렇게 살 수 있는 힘은 책읽기와 공부하기로 부터 나온다. 그것도 가장 인문학적 서적들, 우리의 실존에 대한 고민들이 담긴 신학 서적들처럼 우리 사회가 좋아하는 '실용'이나 '성공'과 '처세' '효율성' '자기 계발' '기술'과는 아무런 관련이 없는 그런 책들.

아이들을 재워놓고 나는 장난감과 옷가지가 어지러운 집에 대해 근심하지 않으며 신의 눈동자를 닮은 푸르고 깊은 '우주'를 생각한다. '아침형 인간'이 되어야 성공한다는 세상의 소리에 볼륨을 끄고, 접어두었던 책을 편다. 영상의 시대에 외롭기만 한 이 문자들이, 이 한 줌의 구절들이, 내게 일말의 자유를 주리라.

2010. 4.

행복의 샘

참 이상한 일이었다. 계속 미소가 지어지는 것이었다. 특히 혼자 있을 때 누구도 나를 보는 이 없고, 내 생각 속에서라도 재밌는 기억이 떠올려지는 것도 아닌데 어느새 책을 읽다가 눈을 들어 벽을 보고 웃고 있는 나를 발견하게 되는 것이었다. 배와 가슴에 따뜻한 샘이 있어 거기서 퐁퐁 행복의 물줄기가 솟아오르는 것처럼, 그런 느낌마저 들었다. 나는 왜 행복해졌는가. 갑자기.

사실 객관적인 나의 현실은 행복을 느낄 수 있는 조건은 영 아니었다. 오히려 자포자기하거나 한강물 근처에는 자살 충동이 생길 수도 있으니 버스 타고 지나쳐도 안 될 만큼! 온갖 현실적 고통들이 한꺼번에 닥치는 상황이었다. 내 삶을 보호하고 있다고 믿었던 삶의 여러 조건들이 모두 다 깨진 상태라고 하면 표현이 될까. 우선 사업가로서 승승장구 하던 남편은 믿었던 사업 파트너들에게 배신을 당하고 모든 재산과 명예를 빼앗긴 채 회사를 살리기 위해 수개 월째 집에도 자주 들어오지 못하였다. 어제는 아이들과 행복하게 살던 아파트가 빚 때문에 경매 직전이라 정말 헐값에 팔 수밖에 없었고 그 아파트를 처리해도 우리 가족에게 돌아올 몫은 아무것도 없다는 이야기를 들었다. 나는 아파트를 팔겠다는 계약을 하러 부동산에 가기 전 크게 심호흡을 하며 두 시간 정도 기도와 명상을 해야 했다. 남편도 없는데 질질 짜면서 부동산 매매 계약을 할 수는 없지 않은가 해서 나는 내가 못 미더워 울지 않기로, 평안하고 초연한 마음을 유지하게 해달라고 기도하였다. 그 기도가 응답되었던 것일까. 마음 아프게 집을 넘기는 도장들을 찍는 과정들이 그저 담담하게 마치 내 일이 아닌 것처럼 느껴졌다. 며칠 전 생활비가 떨어졌고, 여름 방학인데 딸을 학원에 보내는 것조차 어려워졌다. 늘 재밌는 장난을 걸어주었던 아빠도 못 보면서 더운 여름, 방안에만 틀어박혀 있는 10살 딸의 슬픈 얼굴을 마주하기는 쉽지 않은 일이었다. 오늘 아침, 공부를 하러 나오면서 쳐다본 집안의 풍경은 '막내딸 살리려고!' 아이들을 봐주려고 오신 70 넘은 엄마가 지친 표정으로 계셨고, 5살 아들과 10살 딸은 마구 어지러워진 장난감들 옆에서 불만이 가득 차 있었다. 불만은 에너지 넘치는 아들녀석 표정이었고, 차라리 그것은 견딜 만하였다. 벌써 철든 딸애는 상황을 다 눈치 챈 어른처럼 슬프고 좌절한 표정이었다. 이것이 두 시간 전 나의 객관적 상황이다. 그런데 왜 계속 미소가 떠나지 않는가. 나는 지난 겨울부터 계속 된 우리 가족의 고난 때문에 이상한 여자가 된 거 아닐까….

> 가르침은 간단했다. 마음 속으로 빠져들지 마라. 자신이 하고 있는 일에 빠져들라. 장작을 패고 물을 길어라. 그러면 마음이 해방되고 삶의 경험만이 남는다.[11]

우선 나의 미소 '방출'이 계속되는 근원적인 이유는 하나님에 대한 믿음 때문이라고 하자. 그렇다. 고난을 겪었던 욥처럼 나는 최근의 고통들을 겪으면서 하나님을 지식으로 아는 것이 아니라 체험하는 시간들을 거쳤다. 객관적인 현실에서는 나와 남편이 드린 모든 기도가 응답되는 것이 하나도 없었고 일은 꼬여만 갔지만, 오히려 마음은 평안해져만 갔다. 그리고 받아들여야 할 것은 포기하여 받아들이게 하시고 다른 방향의 소망을 품게 하시며 슬픈 일을 겪을 때는 내 마음이 그 현상의 일과 '분리되는' 듯한 마음 상태를 창조하셔서 나를 어느새 현실에서 한 발자국 떨어져서 고난을 지켜보는 '관조자'로 만드셨다.

대학 강사이자 주부였던 나는 이제 좀 더 간절한 마음으로 내 일에 뛰어들려 한다. 지하철을 타고 다니면서 내가 할 수 있는 강의를 맡고 내가 쓸 수 있는 글들을 쓰고 공부를 하려고 한다. 그것을 위해 노동하듯이 요즘 도서관에서 공부한다. 특근에 야간작업까지 하는 그 강도로 나는 공부를 한다. '그렇게 편하게 살아온 부르주아이자 지식인인 당신이 육체 노동의 강도와 어려움을 뭘 알아'라고 누군가 반문한다면 나는 우선 '몰라서 미안합니다. 감히 견주어서 표현해서 미안합니다'라고 사과한 후에 그래도 내가 보내는 일상의 치열한 시간과 스트레스, 공부할 때의 마음가짐과 몰입도를 설명하겠다. 어깨와 눈의 통증, 식사를 거르기를 수시로 한다는 것과 화장실도 가는 것도 미룬다는 것, 도서관에서 집에 돌아오는 길이 팔다리가 후들후들 떨린다는 것을, 입 안이 부르터서 가끔 입술의 피부가 풀처럼 부풀어 오르거나 떨어진다는 것들을 말하겠다.

예전에는 중산층 주부로서 삶의 어쩔 수 없는 무료함을 잊기 위한 지적유희로서의 공부였다면 요즘은 당장 다음 학기에 학생들을 가르치려고, 좀 더 안정된 연구 조건을 가지려고 정신을 모아서 하는 공부, 학위 준비할 때보다 더 떨리는 마음으로 하는 공부이다. 마음속에는 우선 아이들 얼굴을 품고, 좀 여유로운 마음이 들 때는 하나님이 나를 통해 기대하시는 소명에 다가가면서 말이다.

그래서 나는 행복하다. 혼자 있는데 계속 웃게 된다. 믿는 구석이 있기 때문이다. 하나님의 계획을 믿고, 이 모든 '비천한 현실'이 나와 아이들의 '영원한 현실'이 아님을 믿고, 고난 중에 깊게 뿌리내리며 성장하는 영혼의 신비로운 메커니즘을 믿고, 그대로 배부른 중산층 아줌마로서 애들 학원 스케줄 짜면서 부귀영화에 취해서 진짜 세상을 잊고 살았을 그 아찔한 미래에 빠져나올 수 있게 된 운명에 감사하면서 나는 미소 짓는다. 그러나 내가 극복하지 못한 슬픔 하나는 나의 미소와 그 이유를 10살 딸에게 전달할 수도 설명해 줄 수도 없다는 것. 삶의 경험을 차곡차곡 스스로 감당한 후 우리는 편안하게 울고 웃을 수 있다. 그러나 내 어린 딸은 아직 그 과정들을 거친 나이가 아니다. 그 애는 지난 겨울부터 갑자기 모든 게 외롭기 만한 그런 시간들을 보내고 있다. 행복하고 고민 없던 유년의 세계로부터 갑자기 떨어져 나와, 아빠를 못 보고, 넓은 핑크색 자기 방을 잃고, 첼로 레슨을 받을 수 없게 된 그 애의 슬픔을 지켜보면서 나는 말을 잃고 무력해진다. 무력하면서 이제 본격적으로 시작된 생존을 준비하느라 늘 부재중인 엄마인 내가 할 수 있는 것은 안아주는 것과 기도하는 것뿐이나.

신께서 딸애의 미소를 지켜주시길, 요즘 수시로 눈물 흘리는 그 애를 위로해주시길, 설명할 수 없는 앞으로의 삶의 그 기쁨을, 그 희열을 기대하는 마음을 품게 해주시길. 우리 딸, 그 빛나는 보석에게 주님 그러시길….

2013. 8. 10.

아침에 질문, 저녁에 답을 안고 자다

요즘은 이른 아침, 성경을 조금씩 읽는다. 세상의 자기 계발서와 성경의 가르침이 겹칠 때가 있는데 '습관이 되도록 중요한 일을 매일 규칙적으로 해야 한다'는 것도 그 중 하나이다. 예수님이 십자가를 지시기 전, 고통스러운 기도, '겟세마네의 기도'를 하러 가시기 전에도 '습관처럼' 늘 하시던 것처럼 기도하러 가셨다 하지 않던가.

일주일 정도 지났을까. 조금씩 습관으로 되어가는 아침 성경 읽기. 내 남은 생의 끝까지 이어지는 습관이길 바래본다. 처음엔 그냥 내 삶의 고단함을 위로받고, 나의 연약함을 메워 주시는 하나님의 강함을 다시 생각해 보게 하는 글들을 찾았다. 내 삶의 방향 없음과 혼란을 인도해주실 것이라는 기대 속에서 아름다운 문구들을 읽을 때처럼 '잠도 덜 깬 채로, 깜박 졸기도 하면서' 읽어나갔다. 그러나 어제부터는 성경이 내게 질문을 던지기 시작하였다. 질문은 간단했다. 그러나 난 속으로 깜짝 놀랐다. "어, 왜 누군가 물어보는 거 같지?"

질문은 이런 방식으로 주어졌다. 읽어가던 성경의 어떤 부분에서 짧은 문장이나 어떤 어휘에서 눈을 뗄 수가 없는 것이다. 계속 눈길이 머물면서 다음 부분으로 나갈 수가 없는 것이다. 어제는 'La volonté' 라는 단어였다. '의지'라고 번역하면 될까. '하나님의 의지', '인간의 의지' 그리고 '나의 의지'. '의지'라는 단어가 머릿속에서 계속 맴돌았다. 별 심오한 철학적 질문처럼 파고든 것도 아니고 그냥 그 단어에 눈길이 계속 머물면서 남은 새벽잠이 조금씩 깨어나고 있었다. 잠에서 깨어난 아이가 마루로 걸어 나왔고 새벽의 고요함은 기차 장난감들과 티라노 사우러스와 브라키오 사우러스의 싸움으로 일단 사라져 갔다. 그리고 난 아이들과 오늘 하루를 먹고 놀며 가끔 티격태격하며 잘 살았다… 가 끝!이…아니다.

오후엔 우연히 중고 서점을 들르게 되었다. 방학이 시작된 딸애의 책을 저렴하게 사줄 겸 책을 좋아하는 우리 가족은 흥분하며 들어갔고 각자 바구니에 가득 책을 사게 되었다. 특히 나는 동네 헌책방, 중고 서점들에 '열광하는' 사람이다. 내게는 보통 책값에 해당하는 만원에서 만 오천 원 정도를 주고 사기에는 가정 경제에 부담되지만 가볍게 읽고 싶은 책들이 세상에 너무 많기 때문이다. 사기는 그렇고 빌리는 복잡한 과정을 거치긴 그렇고 소장할 필요까지는 없고 서점에서 서서 읽기에는 또 메모할 만큼 좋은 글들이 많이 있는 그런 책들을 운 좋으면 이 천원에도 살 수 있으니 내겐 헌 책방들이 '사탕 가게'이다. 오늘도 그렇게 헌책방의 서가에서 우연히 만나고 자그마치 사천원 거금을 들여 산 '잔느 귀용Jeanne Guyon, 1648-1717'의 자서전. 고른 이유는 하나였다. 그녀가 프랑스인이고 '매 순간 하나님의 임재를 체험한 여인'이라고 책 표지에 소개되어 있었으므로.

프랑스어 선생인 나는 프랑스인 친구들이 많다. 그러나 그들은 모두 하나같이 맹렬 무신론자들이다. 전 세계인들에게 무시못할 영향을 끼친 계몽주의 철학자들과 프랑스 혁명을 자랑스러워 하는 그들에게 무신론은 '신이 없다'는 확고한 신념이어서 일종의 '종교'의 변형된 형태 같다는 생각마저 들 정도이다. '신'에 대해 관심조차 없는 그런 마음이 아니라 '신이 없다'는 것을 주변에 틈만 나면 전파하고 싶어하고, 신 비슷한 거라도 이야기하는 자들을 몹시 불편해 하는 사람들. 세계 역사상 종교의 이름으로 벌어진 모든 전쟁과 범죄들, 현재 주변에서 기독교인임을 자처하면서 가장 위선적인 모습으로 살아가는 지인들은 그들 논리의 단골 메뉴가 된다. 이 정도면 '무신론'의 '무'는 '없음'이라는 뜻, '비어 있음'을 의미하지 않으리라. 어쨌든 나의 사랑스러운 프랑스 친구들, 그들의 무신론의 벽은 너무나 두꺼운 걸 알기에 나는 그들과 종교이야기는 시작하지 않는다. 어려운 일이 조금이라도 생기면 하나님께 쪼르르 달려가서 일러바치고 투덜거리는 어린아이처럼 살아가는 내가 오히려 그들에게는 별종이었으리라. 나는 잔느 귀용의 책을 바구니에 담으며 생각했다. '아이고. 루이 14세 시절, 에밀리의 할머니의 할머니의 할머니뻘 되는 이 프랑스 여인은 신을 어떻게 만난거야…. 요즘 프랑스 젊은이들에게는 씨도 안 먹혀요….'라고 중얼중얼하면서.

온종일 논 아이가 초저녁부터 곯아떨어진 시간, 난 '잔느 귀용'을 읽기 시작했다. 그리고 책의 마지막 페이지를 닫았던 깊은 밤, 나는 하루를 사느라 잠시 잊고 있었던 새벽에 내게 주어졌던 질문에 대한 답을 어느 정도 찾았다는 것을 깨달았다. 잔느 귀용의 생애는 자신의 의지를 신이 우리 각자를 향하신 의지와 합일해가는 귀한 여정에 대한 기록이었다. 나는 또 벅차오른다. 무료한 듯 보이는 이 하루에는 얼마나 많은 '서프라이즈으!~', 놀라운 일들이 숨어 있는가. 나만 깨어 있다면 내가 만나고 읽는 텍스트들과 풍경들은 늘 질문을 해온다. 하루를 즐겁고 신나게 살아낸다면 우연히 답이 다가올지도 모른다. 오늘 나처럼 우연히 읽게 된 책에서, 좋아하는 친구의 짧은 문자 속에서, 눈길이 머문 잡지 책 귀퉁이에서라도…. 법정 스님은 부처의 말을 다음과 같이 전하고 있다.

> 언제나 한겨울 개울물 속으로 걸어 들어가듯 걸으라. 물이 아주 차갑기 때문에 천천히 깨어서 걸어야 한다. 물살이 아주 빠르기 때문에 정신을 차려야 한다. 개울의 돌에 미끄러질 수 있기 때문에 한 발 한 발 지켜보아야 한다.[12)]

언제나 빠르게 흐르는 차가운 물살과 같다는 인생, 법정 스님은 욕망과 번뇌의 돌에 미끄러지지 않도록 늘 깨어있으라 당부한다. 기독교나 불교가 아니어도 '깨어 있으라'라는 말은 흔한 교훈이 되어버렸다. 이 말의 본 뜻은 늘 '초긴장' 상태로 살라는 말도 아니고, 세상에서 성공을 위해 남들보다 몇 배 부지런히 살라는 말도 아니다. 내가 '소화한' 이 말은 삶의 중요한 문제들에 대해 늘 질문하고 답을 찾는 것을 멈추지 말라는 것이다. 그러나 물론 얼굴 찡그리고 심각한 척은 금물! 영성이 높은 최고 경지의 구도자들이 하나같이 어린애 같은 미소로 살아가는 것을 우리는 알지 않는가? 그냥 즐겁고 신나게, 하루를 감사하며 살다가 뭔가 모르는 것을 알게 되면 좋고 아니면 다음 기회, 어느 순간을 기대하시라~. 짠~.

2014. 6. 30.

먼 길 가기

누구나 앞으로도 뒤로도 갈 수 없는 큰 위기의 시간을 맞을 때가 있다. 한 사람이 가져왔던 인생 전체의 고통과 확신 모두를 뛰어넘는 '전혀 예측 불가'한 삶의 위기. 그 순간들은 경제적 어려움이나 사랑하는 사람과의 이별이나 오랫동안 애써온 일들이 수포로 돌아갈 때 시작된다. 우리는 살면서 각기 저마다 다른 고난의 모습과 만난다.

일어나 먹어라.
먼 길을 가야 한단다.
이 음식을 먹고 그 힘으로
40일 낮, 40일 밤을 가서
하나님의 산, 호렙에 이르거라…. 13)

이것은 구약성서 열왕기상 19장에 나오는 엘리야의 이야기이다. 그는 왕의 무리에 쫓겨서 광야로 도피한다. 선지자 엘리야는 생명을 위협받는 처지에서 차라리 죽여 달라고 기도한다. 절망 속에 지쳐서 광야의 로뎀 나무 아래서 잠이 들었을 때 천사는 엘리야에게 어서 일어나라 한다.

오늘은 엘리야의 이야기에서 내게 말씀하시는 하나님의 음성을 듣는다. 눈물이 고인다. 엘리야는 바알 신을 우상으로 숭배하는 타락한 이스라엘 민족과 왕, 사악한 왕비 이세벨로 인해 지치고 생명마저 위협받는 처지에 있었다. 그때 하나님께 차라리 죽여 달라고 기도한다. 구약성서 열왕기상 19장에는 앞으로 갈 수도 없고 뒤로 갈 수도 없는 고난과 피로의 정점에 있는 엘리야에게 보내는 하나님의 메시지가 담겨있다. 나는 이 성경구절에서 무신론자나 불교도라도 상관없이 받아들여도 좋은 상처 입은 자들의 회복을 돕는 '치유의 과정'의 핵심적 요소들이 다 들어 있다고 생각한다. 자. 삶의 의욕이 없다면, 우선 그나마 남은 힘을 끌어모아서 다음 순서를 밟아보시라. 경험자의 말이니 밑져야 본전. 적어도 더 절망 속으로 빠지지는 않을 테니….

① 먹고 마시기: 자신을 위해 생명력을 강화시키는 모든 것을 할 것

안밖으로 고난이 닥칠 때 가장 먼저 할 일은 밥을 잘 먹는 것이다. 사실 여기서 '밥'은 밥만은 아니다. 자신의 몸과 영혼에 '밥'으로 작용할 수 있는 것을 찾아 나서는 것이다. 우리는 자기 자신이 무엇을 하면 기운이 나고 기쁜지 약간은 알고 있다. 세상의 거짓 담론에 너무 '오염'되어 있어 자신이 진정 무엇을 좋아하고 무엇에 기뻐하는지 모르는 약하디약한 자들도 있지만 어린 시절부터 지금까지 자신이 '언제' '무엇'에 가장 '기쁨'을 느꼈는지는 생존 본능처럼 기억에 남아있다. 그것을 애써 기억해내어 작은 것부터 해보는 것이다. 기쁠 때에 우리는 가장 생명력이 충만해지기 때문이다. 나를 기쁘게 하는 사람, 내 몸을 기쁘게 하는 음식을 찾아서 에너지를 끌어모아 일어나 보는 것이다. 고난 중에 5분이라도 '기쁜' 순간을 자신에게 선사하면서 그 순간만큼은 온전한 '쾌락주의자'가 되어 본다. 내가 붙잡은 참된 쾌락의 순간들이 내 생명력을 강화시켜 나는 일어나리라. 더 기운을 차려 기 펄펄한 쾌락주의자로 일상을 살아낼 수 있는 내공을 갖게 되면 나는 '이타주의자'로 자연스럽게 옮겨갈 것이다. 스스로 즐거운 자는 남의 즐거움에 괜히 신경 쓰이게 되므로…. 신이 우리 유전자 어딘가에 그것을 살짝 숨겨 넣어놓았는지 모르지요. 인류 역사 속의 위대한 성인들은 가장 스케일 큰 '쾌락주의자'들이셨겠군요.

② 40일 낮, 40일 밤 견니기 / 짧게 보며 살기

'고난'은 대부분 '상황'에 대한 절망인 경우가 많다. 이 상황을 벗어나길 간절히 소망하면서 노력했는데 상황 변화가 없거나 점점 더 견디기 어려운 상황으로 빠지는 것 같을 때 우리는 어느 순간 의지의 맥을 놓아버린다. 정말 내가 할 수 있는 것은 어떤 것도 없고 그냥 무표정으로 버티는 게 최선이며 유일하게 할 수 있는 시간일 때, 나는 절망을 잠시 유보하는 시간을 정하고 달력이나 다이어리에 하루가 지날 때마다 숫자를 써나간다. 예를 들어 버티기로 마음먹는 기간의 길이는 성경을 읽다가 마음에 와 닿는 구절에서 영감을 받기도 하지만 대체로 40일이다. 너무 절망스럽지만 40일만 딱 참아보고 절망하기로 하는 것이다. 절망이나 절망스러운 결정들을 40일 미루기로 선택하는 것이다. 신앙이 없는 이들에게 내가 인생이라는 '먼 길 가기' 위해, 절망의 순간 버티는 '날짜 세기 방법'은 어린애 같은 것일 수도 있다. 그러나 피터 드러커나 데일 카네기와 같은 세상의 명망 높은 자기 관리 이론가들도 추천하는 방법인 것을 아는가. 물론 그들은 '하루만 생각하여라, 하루를 온전히 누려라'라는 방법을 제시한다. 오지도 않은 미래의 걱정은 내려놓고 딱 하루만 살라는 것이다. 순간에 집중하는 것. 지금 이 순간에 잠시 호흡을 깊게 쉬면서 주변의 삶과 하나가 되어 보는 것. 끊임없이 피어오르는 절망과 생각의 고리를 끊고 오감을 열어 '무시간적 현재'의 순간을 맛보게 될 때 우리는 아무것도 없는 가난한 시각 장애자 노인이어도 다음과 같이 말할 수 있다.

> 닭 우는 소리도 들리고, 어린애 고함 소리, 자동차 지나가는 소리, 동네 사람들끼리 인사하는 소리도 들립니다. 내 둘레에서 노래하고 있는 삶과 하나가 되니, 내 마음도 함께 노래한답니다. 해는 따뜻하게 비춰주지요. 바람은 시원하게 불어주지요. 이웃들은 먹을 것을 갖다 줍니다. 나는 아무것도 부족한 게 없습니다.[14)]

장애인이건 비장애인이건 우리는 각지 자기만의 십자가를 지고 한

고비 한고비 참고 견디며 먼 길을 가야 한다. 삶은 숙명이기 때문이다. 함석헌은 다음과 같이 말한다.

> 살고 싶으면 살고, 살고 싶지 않으면 버릴 수 있는 것이 인생이 아니다. 삶은 절대의 명령이다. 살아도 인생 속에 있고 죽어도 인생 속에 있다. 뜻이 있나 없나를 찾을 것이 아니라 처음부터 있는 뜻을 살아 내는 것이다.[15]

우리가 만들어 놓은 현대 문명의 구조 속에 널리 퍼져 있는 허무와 무기력의 기운은 너무도 자주 우리 삶의 의지를 무너뜨린다. 의식주의 안락함과 물질적 풍요 이면에 우리는 늘 '영적 전투'를 벌이고 있다. 자끄 엘륄은 '세상의 뜻은 항상 죽음의 의지이고 자살의 의지이다'[16]라고 말하였다. 엘륄은 여기서 꼭 자살 충동을 강렬히 겪는 순간을 지적하는 것이 아니다. 그는 세상 문화의 방향성을 경고하고 있다. 한 개인이 삶에서 어려움을 만났을 때 절망과 우울의 늪으로 빠지고 헤어 나오는 길을 알지 못할 때, 나는 일단 이 말을 하고 싶다. 생각을 멈추고 딱 하루씩만 살아라. 딱 하루만!

고통과 후회로 짐스러운 과거의 시간과 희망이 안 보이는 미래의 시간 축을 머릿속에서 지워버려라. 오늘 내 앞의 24시간만 괜찮게 살아보기로 하는 것이다. 하루를 살면서 내 몸의 감각에 집중해서 시간을 잠시 잊어보는 순간을 몇 번 겪게 되면 오늘 하루는 따봉! 웃겨서 웃는 게 아니라 근육을 일부러 움직여 먼저 웃어버려서 내 뇌를 잠시 착각하게 하기. 내 뇌는 평소와 다른 나에게 놀라면서 '앗. 즐거운 일이 있나 봐. 웃긴 일이 있나 봐!' 라고 판단하고 내 몸의 구석구석에 즐거운 기분을 줄 수 있는 어떤 화학물질들을 배달시키는 버튼을 누를 것이다. 여러 번 하면 더 효과적이고, 그럼 현실에서도 진짜 웃긴 일이 생길지도 모르지. 하하. 내 뇌도 속였는데 내가 무엇을 못하겠수?

③ 호렙산을 향하여 걷기/생의 의미를 가지기

잘 먹고, 놀며, 달력도 지워가면서 시간을 보내면서 조금이나마 기운을 차렸다면 이제 조금씩 '호렙산'을 바라봐야 한다. 호렙산에는 이 생이 나를 향해 말하고 있는 사명이 있으므로…. 저기 멀리 있으니 자세히는 안보이지만 이제 차린 기운으로 주야로 걷다 보면 나는 언젠가 도달할 수 있으리라. 나에게 주어진 삶의 의미란 인류 구원이나 위대한 발명 같은 거창한 게 아니다. 오로지 나의 고유성으로만 할 수 있고 보람과 즐거움을 찾을 수 있는 어떤 지점을 늘 탐색해야 한다. 이것을 '소명' '사명'이라고 거창하게 말하기도 한다. 그런데 이것은 '살고 배우며' 서서히 알게 되는 것 같다. 지금은 잘 모르겠고 머릿속이 뒤죽박죽인 것 같지만, 늘 깨어 있는 마음을 가지고 주변이나 자신에게 닥치는 일들을 관찰하고 기다린다면 차츰차츰 그 윤곽을 드러내리라. 우리는 생각보다 더 귀한 목적을 가지고 창조된 자들일지 모른다. 삶의 의미를 가지라는 것은 괜한 영웅의식에 빠지라는 말이 아니다. 삶의 의미는 '먼 길 가기' 위해, 즉 '살기 위해' 반드시 필요하기 때문에 늘 찾고 구해야 한다. 선택이 없기 때문이다. 의미를 가지고 살던가 의미 없이 허무하게 죽던가. 중간은 없다. 빅터 플랭클(Viktor Frankl)은 아우슈비츠에서 살아남은 경험을 통해 우리에게 말한다. 사람을 어떤 조건이나 상황을 초월해서 살게 하는 것은 '의미'라고. 생의 분명한 의미를 찾는다는 것, 목적을 갖는다는 것은 살기 위한 '필수 조건'인 셈이다. '삶의 의미'는 우리 몸에 필요한 필수 비타민 · 아미노산보다 더 중요하다. 긴 '생존'을 위해 내 뱃 속에 내 가슴 속에 뜨겁게 간직하고 키워가야 하는 것.

자. 그러니 이제 기운 차렸으면 다시 걷기. 한 걸음 한 걸음. 힘들면 쉬고 먹고. 다시 걷기. 걷기. 끔찍하고 찬란한 삶이여, 다시 또다시. 나는 이.길.것.이.다.

2014. 6. 30.

후주

1) 이 구절은 원래 도스토에프스키의 소설『카라마조프 가의 형제들』에서 나온 것이라고 한다. 나는『책을 읽을 자유』(이현우 지음, 현암사)에서 읽었다.

2) 이 부분은 정대향 전도사님과 함께 토론하여 작성하였다. 정대향의 이름으로 2010년에 출간 된 소 논문「한나 아렌트 사상과 한국 여성의 자유」에 나온 일부 내용을 담고있다.『한국여성신학』, 제72호 (2010년 겨울) pp.69−95를 참조 할 것.

3) 츠베탕 토도로프,『바흐친:문학사회학과 대화이론』(까치), 최현무 역.

4)「경향신문」2011년 1월 14일자에서 송윤경 기자가 쓴 기사이다.

5) 얼 쇼리스,『희망의 인문학』(이매진, 2006), 고병헌 외 옮김, 219p

6) ________,『희망의 인문학』(이매진, 2006), 고병헌 외 옮김, pp.167−168

7) ________,『희망의 인문학』(이매진, 2006), 고병헌 외 옮김, 332p

8) 글로벌 인재 교육법 중에서(우먼센스, 2012. 11월호)

9) 오강남 엮어옮김,『영적 삶을 풍요롭게 하는 예수의 기도』(대한기독교서회, 2003) pp.7−8

10) 구절은 삶의 순간마다 바뀔 수 있다. 예를 들어, 박사 논문을 썼던 시기에 주로 써놓은 구절은 '아름다운 소식을 전하는 자여, 너는 높은 산에 오르라'였다. 왜인지는 나도 모르겠지만 아마도 나는 그 당시 '아무도 관심을 가져주지 않았던

나의 논문이 완성되면 누구에겐가 도움이 되길 무의식적으로 '많이' 희망했고, 과정의 고통이 산을 오르는 것과 비슷하다고 생각했던 거 같다.

11) 해리 팔머,『뜻대로 살기』(정신세계사, 2000), 이균형 옮김.

12) 법정,『한 사람은 모두를 모두는 한 사람을』(문학의숲, 2009), 197p

13) 이것은 열왕기상 19장에 나오는 엘리야의 이야기이다. 성경 원래 본문은 엘리야는 천사가 주는 음식을 먹고 그 힘으로 40일 주야를 걸어 호렙산에 도착하였다고 나온다.

14) 법정,『한 사람은 모두를 모두는 한 사람을』(문학의숲, 2009), 151p

15) 함석헌,『너 자신을 혁명하라』(오늘의책, 2003), 김진 엮음, 62p

16) 자끄 엘륄,『세상 속의 그리스도인』(대장간, 2010), 박동열 옮김, 59p